中共中央党校（国家行政学院）校级青年科研项目"中国共产党国际形象塑造的历史考察与基本经验研究"（2023QN058）阶段性成果

让世界读懂
中国式现代化

史泽源 著

CHINESE
MODERNIZATION

中共中央党校出版社

图书在版编目（CIP）数据

让世界读懂中国式现代化 / 史泽源著 . -- 北京：中共中央党校出版社 , 2024. 9. -- ISBN 978-7-5035-7781-9

Ⅰ . D61

中国国家版本馆 CIP 数据核字第 2024KY7287 号

让世界读懂中国式现代化

策划统筹	冯　研
责任编辑	齐慧超
责任印制	陈梦楠
责任校对	王　微
出版发行	中共中央党校出版社
地　　址	北京市海淀区长春桥路 6 号
电　　话	（010）68922815（总编室）　（010）68922233（发行部）
传　　真	（010）68922814
经　　销	全国新华书店
印　　刷	北京中科印刷有限公司
开　　本	710 毫米 ×1000 毫米　1/16
字　　数	200 千字
印　　张	14.75
版　　次	2024 年 9 月第 1 版　2024 年 9 月第 1 次印刷
定　　价	56.00 元

微 信 ID：中共中央党校出版社　　　　邮　箱：zydxcbs2018@163.com

版权所有·侵权必究

如有印装质量问题，请与本社发行部联系调换

目 录

序　言　读懂中国，关键要读懂中国式现代化 ·················· 001

第一章　让世界读懂中国式现代化的时代价值 ············· 006
　　一、为推进中国式现代化提供重要支撑 ····················· 006
　　二、为世界现代化贡献中国智慧 ····························· 015
　　三、有利于构建中国话语和中国叙事体系 ················· 026

第二章　让世界读懂中国式现代化的进展与挑战 ········· 033
　　一、让世界读懂中国式现代化取得的进展 ················· 034
　　二、让世界读懂中国式现代化面临的外部挑战 ·········· 043
　　三、中国式现代化国际传播存在的不足 ··················· 064

第三章　让世界读懂中国式现代化的目标原则 ············· 079
　　一、让世界读懂中国式现代化的主要目标 ················· 079
　　二、让世界读懂中国式现代化必须把握的一般原则 ····· 088
　　三、让世界读懂中国式现代化的具体要求 ················· 097

第四章　构建让世界读懂中国式现代化的工作系统……110
　　一、工作系统的构成要素……110
　　二、工作系统的运作机制……131

第五章　让世界更好读懂中国式现代化的实践路径……148
　　一、推进国际传播平台建设……148
　　二、优化国际传播话语质量……159
　　三、创新国际传播方式方法……168
　　四、充实国际传播人才队伍……182

结　语……192

参考文献……197

序　言
读懂中国，关键要读懂中国式现代化

中国作为物产丰饶、历史悠久、文化灿烂的文明古国，很早便受到其他国家，特别是西方社会的高度关注。在公元前六七世纪，古希腊、古罗马的传说和史诗中就包含着有关中国的故事。有一句流行于阿拉伯和波斯的谚语道："世界民族很多，希腊人是一只眼，中国人是两只眼，而其他民族则为瞎子。"[①] 此后，随着东西方社会在经济、政治、文化、军事等各方面的交流交融愈加畅通频繁，国际社会对中国有了更多的了解，也促使他们想进一步认识中国。据说哥伦布就曾读过马可·波罗关于中国的游记，并从中获得了巨大的鼓舞和启示，踏上了到东方寻找"黄金国"的航程，但结果航行到了美洲，发现了新大陆。由此可见，自古以来读懂中国就是一个世界性课题。

近代以来，率先开启现代化进程的西方国家，用坚船利炮打开了关闭已久的中国国门，常以"天朝上国"自诩的中国被耻辱地称作"老大帝国""东亚病夫"。身处黑暗中的中国始终难以找到光明的方向。1921年中国共产党应运而生，从此，中国人民谋求民族独立、人民解放和国家富强、人民幸福的斗争就有了主心骨，中国人民就从精神上由被动转为主动。在中国共产党的有力领导下，新中国用几十年时间走完了发达国家几百年走过的工业化历程。全世界再一次不由自

---

① 季羡林：《季羡林谈文化》，人民日报出版社2011年版，第104—105页。

主地将目光投向中国。然而，中国在取得举世瞩目发展成就的同时，似乎并没有建立起同自身发展实力相匹配的国际形象与话语权。"我国综合国力和国际地位不断提升，国际社会对我国的关注前所未有，但中国在世界上的形象很大程度上仍是'他塑'而非'自塑'，我们在国际上有时还处于有理说不出、说了传不开的境地，存在着信息流进流出的'逆差'。"[1]对于这一现象，西方学者也不讳言。著名汉学家史景迁曾指出，"尽管西方对中国产生了浓厚的兴趣"，但"西方人对中国的兴趣是不受中国的历史现实左右的"，"中国在很长时间内一直作为一个'他者'出现"，西方人一直在"研究、探讨并创造性地阐释他们半知不知的中国的社会及其价值"[2]。于是世界上出现了一个以西方视角为中心的中国形象，"中国威胁""中国崩溃"等一系列有违中国发展事实的观点、论调在国际舆论场中占据着强势地位。这一方面损害了中国的利益，给中国的进一步发展和对外交往活动造成了阻碍；另一方面也不利于世界充分认识了解中国，容易造成误判，甚至引发冲突。由此看来，读懂中国也是一个重大的现实问题。

让世界读懂中国，不仅需要来自世界各方的共同参与，更主要的是依靠中国自己的力量。新时代以来，党中央前所未有地重视国际传播工作，把向世界展现一个真实、立体、全面的中国作为党和国家的重点工作。继党的十八届三中全会提出"加强国际传播能力和对外话语体系建设"的要求后，党的二十届三中全会进一步确定了"构建更有效力的国际传播体系"的改革目标。读懂中国从来不是一件容易的事情。从横向看，中国拥有着漫长的历史、广袤的疆域、亿万的人口，

---

[1] 《坚持正确方向创新方法手段　提高新闻舆论传播力引导力》，《人民日报》2016年2月20日。
[2] 〔美〕史景迁：《文化类同与文化利用：世界文化总体对话中的中国形象》，廖世奇、彭小樵译，北京大学出版社1990年版，第186—187页。

序　言　读懂中国，关键要读懂中国式现代化

这意味着让世界认识中国需要投入更大的工作量；从纵向看，今天中国仍处于快速发展阶段，社会发展日新月异，了解中国的难度不亚于历史上的任何时期。中国庞大的体量和快速的发展，要求读懂中国既要做到包罗万象，坚持顶层设计，也要有所侧重，突出重点。具体该从哪里入手？习近平总书记以深邃的战略眼光和宏阔的全球视野给出了明确答案。2023年12月1日至3日，"读懂中国"国际会议在广州市隆重举办。习近平总书记专门向会议致贺信，信中写道："读懂中国，关键要读懂中国式现代化。今天，中国正在以中国式现代化全面推进强国建设、民族复兴伟业，推动构建人类命运共同体，中国的前途命运和人类的前途命运紧密联系在一起。我们坚持以高水平开放促进高质量发展，持续打造市场化、法治化、国际化营商环境，稳步扩大规则、规制、管理、标准等制度型开放。我们坚定不移致力于扩大同各国利益的汇合点，不断以中国新发展为世界带来新动力、新机遇。中国期待同各国携手努力，实现和平发展、互利合作、共同繁荣的世界现代化。希望与会嘉宾为促进中国与世界交流合作、实现共同发展繁荣、推动构建人类命运共同体贡献力量。"[①]为什么在当下读懂中国，关键要读懂中国式现代化？新时代以来让世界读懂中国式现代化取得了哪些进展？正在面临什么样的难题与挑战？我们应如何进一步推进这项工作？这些是我们落实习近平总书记重要指示必须弄清楚的问题，是我们向国际社会更好呈现中国形象应做好的工作，也是本书想要着重阐述的内容。

首先，从现代化发展的角度看，让世界读懂中国式现代化对于中国的现代化建设和推进世界现代化进程均具有重要价值。坚定不移地进行改革开放，始终欢迎各方力量参与中国建设，是中国式现代化取

---

① 《习近平向2023年"读懂中国"国际会议（广州）致贺信》，《人民日报》2023年12月3日。

得辉煌成就的重要原因，也是进一步推动中国发展的基本原则。让世界读懂中国式现代化将为改革发展稳定营造有利的外部环境，凝聚起建设中国式现代化的磅礴力量，使文化软实力得到显著提升。从全球范围看，中国式现代化已然成为世界现代化进程中的一朵奇葩，其取得的成就和获得的成功堪称人类奇迹。让世界读懂中国式现代化能够为其他国家的现代化发展提供新选择，为解决人类面临的共同问题提供新方案，为人类文明发展作出新贡献。除此之外，让世界读懂中国式现代化还有利于丰富中国话语体系和叙事体系，使中国国际传播能力得到切实增强。

其次，新时代以来，在党和国家的高度重视下，让世界读懂中国式现代化事业取得重大进展。这具体表现在：明确提出了"读懂中国，关键要读懂中国式现代化"的重要命题、讲好中国式现代化的能力得到明显增强及中国式现代化故事在国际范围内广泛传播、国际社会对中国式现代化的认可度大幅提高。不可否认的是，这项宏伟事业也面临着多重挑战。从外部环境看，当前美西方国家仍然是国际传播秩序的主导者，在传播资源、传播技术、市场份额等方面占据明显优势。他们凭借这些优势，不仅持续向全世界输出西方发展模式，宣扬西方价值观，形成"现代化等于西方化"的迷思，还故意对以中国为代表的发展中国家的发展道路进行攻讦。从内部条件看，由于工作基础相对薄弱，同发达国家相比，我国在中国式现代化国际传播的媒体力量、话语体系、传播策略及人才结构等方面，仍存在较大优化空间。

最后，在新时代新征程上进一步推动让世界读懂中国式现代化事业，其一，要明确做好这项工作的目标原则。坚持把增进国际知晓度、提升国际理解度和增强国际认可度作为让世界读懂中国式现代化的主要目标，同时在实际工作中秉持展现中国式现代化建设的真实情况，尊重不同国家的发展道路及注重中国式现代化传播的实际效果等一般原则，坚决贯彻在国际传播部署上坚持系统谋划，在形象塑造上增强自塑主动权，在国际传播内容上突出中国特色和方式上善用中国优势等具体要求。其二，要着力构建让世界读懂中国式现代化的工作系统。在充分遵循国际传播一般规律的基础上，有效发挥中国优势，从组织推动、媒体融合、实践融入、交流合作及评价反馈等角度建设贯通联动的让世界读懂中国式现代化工作机制，实现工作系统的持续高效运转，向世界多角度、全方位、生动灵活地呈现中国式现代化形象。其三，要采取推进平台建设、优化话语质量、创新方式方法、充实人才队伍等切实举措，全面提升中国式现代化的国际传播效能。

总之，让世界读懂中国式现代化，既能推动中国的发展，也能促进世界的进步。做好这项工作，需要我们从理论上廓清"为什么""是什么""怎么办"等基本问题，也需要我们在实践上遵循传播规律，构建工作机制，调整策略方法。

第一章
让世界读懂中国式现代化的时代价值

让世界更好读懂中国式现代化，加强中国式现代化的国际传播，对中国式现代化事业的顺利推进、对人类社会现代化进程都有着重要意义。让世界读懂中国式现代化，需要全面展示中国在经济、政治、文化、社会、生态文明领域的重大成就，并以此为中国式现代化营造有利国际舆论环境，凝聚起中国式现代化建设的磅礴力量，进一步提升国家文化软实力。让世界读懂中国式现代化，也能够为世界现代化进程贡献更多中国智慧。经过百年探索和接续奋斗，中国找到了一条适合自己的发展道路，正在以中国式现代化全面推进中华民族伟大复兴。中国追求的不是独善其身的现代化，而是致力于以自身发展为世界发展创造新机遇，不仅期待同广大发展中国家在内的各国一道，共同实现现代化，也期待同世界各国携手努力，实现和平发展、互利合作、共同繁荣的全球现代化。让世界读懂中国式现代化，还能够将国际上认识和理解中国式现代化的方式，由"他塑"进一步转变为依托中国话语和叙事的"自塑"，从而不断提升中国话语影响力，提升中国的国际话语权。

一、为推进中国式现代化提供重要支撑

让世界读懂中国式现代化的过程，也是推进中国式现代化建设发展的过程。一般而言，世界越能读懂中国，越能读懂中国式现代化，

中国就越能从国际社会得到更广泛、更真实的理解与认同,也就能更好地为我国的改革发展稳定争取有利的外部环境,凝聚起全体中国人民建设中国式现代化的磅礴力量,进一步提升国家文化软实力。

(一)为改革发展稳定营造有利外部环境

使中国式现代化为世界所读懂,展现的是中国在国际社会上积极主动地将中国式现代化的理论探索、实践发展、建设成就和基本经验进行有效的表达和阐释,以此不断增强中国式现代化对外传播的影响力,具有为中国式现代化发展塑造有利外部环境的重要价值。中国式现代化的飞速发展及国际传播信息的便捷流通改变了整个社会的信息传播结构和资源配置方式,为世界形塑了一个全新的环境场域和话语空间。当今时代,中国式现代化对外传播的内容早已涵盖经济、政治、文化、社会、生态文明等各方面,该传播不仅承担着促进当今世界不同民族和国家之间各种信息的跨国、跨文化的交流交融,往往还作为重塑世界的一种结构性力量,对整个国际社会的权力结构、信息方式、资源配置和价值观念产生重要影响。"国际传播乃是在世界不同民族之间分享知识、观点、信念用以消除国际矛盾斗争和创造相互理解的重要因素。"[①]

以此为认知前提,在经济、政治和科技通过媒体和传播变得越来越全球化的情况下,公共传播在吸引各国民众接受认同各种新理念新观点方面发挥的作用就变得愈发突出。让世界读懂中国式现代化,能够增强感召力,不仅能让更多人听得到中国式现代化的对外传播话语,更能让人听得懂、听得进,有共鸣、有共情,让中国声音赢得国际社会理解和认同。进一步而言,让世界读懂中国式现代化的成效还会影响中国发展权利、决定中国形象、关乎国家安全,可作为推动中国式现代化的重要引擎,深入到新时代中国特色社会主义建设的各领域,

---

[①] 〔英〕达雅·屠苏:《国际传播:延续与变革》,董关鹏主译,新华出版社2004年版,第6页。

为支持中国式现代化建设营造有利外部环境。正如习近平总书记在中共中央政治局第三十次集体学习时所强调的,"要深刻认识新形势下加强和改进国际传播工作的重要性和必要性,下大气力加强国际传播能力建设,形成同我国综合国力和国际地位相匹配的国际话语权,为我国改革发展稳定营造有利外部舆论环境,为推动构建人类命运共同体作出积极贡献"[①]。

通过国际传播工作塑造有利外部环境亦是推动中国式现代化发展建设的必要条件。从世界范围看,任何国家的现代化发展进程都离不开良好的外部环境。"现代化是一个世界现象,中国现代化是世界现代化的组成部分。中国实现现代化的进程,既决定于自身努力,也受国际环境的影响,是内因和外因共同作用的结果。"[②] 当今时代国际国内联动更加紧密,由国际传播所带来的一些新观念、新思潮,都不可避免地会对本国的现代化发展进程产生深刻影响。中国式现代化的建设发展亦离不开与世界各国的交流互鉴。"我国的现代化不仅强调要发展经济,更突出强调要主动融入世界,引进和吸收国外先进科学技术和管理经验,将改革开放作为实现中国式现代化的基本路径。"[③] 随着中国特色社会主义进入新时代,中国正在走近世界舞台的中央。中国需要了解世界,世界同样迫切想要了解中国。在国际社会上建构正面、真实的中国式现代化形象并不是一件容易的事情,对我国发展现代化有利的外部环境更不会从天而降。特别是当前世界百年未有之大变局加速演进,新一轮科技革命和产业变革深入发展,国际力量对比深刻调整。同时,世纪疫情影响深远,逆全球化思潮抬头,单边主义、保护主义

---

① 《习近平在中共中央政治局第三十次集体学习时强调 加强和改进国际传播工作 展示真实立体全面的中国》,《人民日报》2021年6月2日。
② 何传启:《中国式现代化的分层结构和三个建议》,《中国科学院院刊》2023年第3期。
③ 王勇:《中国式现代化的历史演进与国际关系变迁》,《当代经济研究》2023年第9期。

明显上升，世界经济复苏乏力，局部冲突和动荡频发，全球性问题加剧，世界进入新的动荡变革期，我国发展进入战略机遇和风险挑战并存、不确定难预料因素增多的时期。这使得让世界读懂中国式现代化面临更大的压力与挑战。越是形势复杂越要坚韧不拔，越是风高浪急越需奋发有为，正如列宁所言："世界不会满足人，人决心以自己的行动来改变世界。"[①] 面对世界百年未有之大变局和中华民族伟大复兴战略全局，用更多外国受众听得懂、听得进、听得明白的语言讲好中国故事，让世界更加全面、客观地认识当代中国，是让世界读懂中国式现代化必须有力推进的重要因由。

对外传播并非脱离于现实物质基础的上层建筑，其对中国式现代化的推进作用，既依托于中国社会经济发展的现实基础，又服从和服务于中国式现代化的发展需要，在不断进行调整、转变的过程中，适应和促进中国式现代化的建设，其自身也日益走向成熟和完善。中国式现代化是人口规模巨大的现代化、全体人民共同富裕的现代化、物质文明和精神文明相协调的现代化、人与自然和谐共生的现代化、走和平发展道路的现代化，因此，中国式现代化呈现出来的是一个整体性的要求。从广泛的意义上而言，对中国式现代化的对外传播本身就属于中国式现代化建设中的重要组成部分，同时它还作为一种信息权利，具有一种超越国家范畴，能够作用于国家政治、经济、军事和文化等各方面的能力。对世界而言，让世界读懂中国式现代化在促进各国相互沟通、引导国际关系、解决冲突与矛盾、促进和平与发展方面，扮演着不可替代的角色。对中国来说，让世界读懂中国式现代化将促进中国发展与世界发展的深度合作以及中国文明与世界文明的交流互鉴，从而加快推进中国式现代化的实现。

[①] 《列宁全集》第55卷，人民出版社2017年版，第183页。

（二）凝聚中国式现代化建设的磅礴力量

建成富强民主文明和谐美丽的社会主义现代化强国将面临空前的挑战。我国14亿多人口整体迈进现代化社会，规模超过现有发达国家人口的总和，艰巨性和复杂性前所未有，发展途径和推进方式也必然具有自己的特点。《中国现代化报告》发现，过去的300年间，世界上约有20多个发达国家约10亿人实现了现代化，中国现代化的任务超过发达国家的总和（从人口规模角度看），而且其时间跨度则相对较小。[①]越是面对复杂艰巨的现代化建设任务，越需要提升现代化领导的组织力，更需要自上而下充分调动全体人民建设中国式现代化的主体能动性。习近平总书记在学习贯彻党的二十大精神研讨班开班式上强调："党的领导凝聚建设中国式现代化的磅礴力量，我们党坚持党的群众路线，坚持以人民为中心的发展思想，发展全过程人民民主，充分激发全体人民的主人翁精神。"[②]人心是最大的政治，共识是奋进的动力。因此，必须凝聚起全党全军全国各族人民和海内外中华儿女心往一处想、劲往一处使的磅礴力量，把党内外一切可以团结的力量广泛团结起来，把国内外一切可以调动的积极因素充分调动起来，才能夯实全国人民团结奋斗的思想基础。

凝聚全体中华儿女建设中国式现代化的奋斗共识离不开有效的国际传播工作。其一，由于互联网与社交媒体的发展普及，世界传播格局发生改变，国际传播与国内传播深度交融，人们对中国式现代化的深刻认识总是受着国内与国外两个舆论场的交互影响。"当前互联网和社交媒体的迅速发展已经彻底打破了传播议题的'内—外'之分。国内议题可以在短时间内演化成国际事件，而国际议题经过某些助推也能在国内掀起舆论风波。同时，社交媒体技术的发展使国际和国内受

---

① 何传启：《中国式现代化的分层结构和三个建议》，《中国科学院院刊》2023年第3期。
② 《正确理解和大力推进中国式现代化》，《人民日报》2023年2月8日。

众边界日益模糊,传统上以受众地理位置作为基础的'内宣—外宣'二元传播模式面临较大挑战。"①特别是在各民族各地区的人们共处于同一全球公共领域的背景下,人们对国际社会的依赖性越来越大,国内民众已经不满足于仅仅通过国内主流媒体建构对中国式现代化的认知评价,而且越来越倾向于在"他者"的评价中建构更加多元、全面的自我认知。对中国人民来说,中国在国际社会中的正面形象展现,更是他们的自豪感、归属感、向心力、凝聚力的重要来源。人们会因中国建设得到国际认可而感到骄傲,进而更加热爱自己引以为傲的祖国。这种正面的情感体验,对发展中国经济文化,增进中国同其他国家的交流互动,应对国际挑战与竞争,都是一种不可或缺的积极因素。这就对中国式现代化对内传播与对外传播的整体性提出了更高的要求,而二者也只有成为相辅相成、相得益彰的有机整体,才能更好发挥其思想引导功能。正如习近平总书记所强调的,"要动员各方面一起做思想舆论工作,加强统筹协调,整合各类资源,推动内宣外宣一体发展,奏响交响乐、大合唱,把中国故事讲得愈来愈精彩,让中国声音愈来愈洪亮"②。

其二,由于社会结构深刻变动,利益格局深刻调整,当今世界人们思想的多元多样、分歧分化特征明显,这与国际传播相连接的多重效应深度关联。全球文化异构是不争的客观事实。世界上有200多个国家和地区、2500多个民族、多种宗教。不同历史和国情,不同民族和习俗,孕育了不同的文明。让世界读懂中国式现代化不仅意味着接收来自国外的现代化信息,更重要的是担负着促进世界各国政治、经济、文化、社会、生态、军事等各领域的沟通交流。在世界多极化、经济

---

① 郑亮、夏晴:《中国文化软实力:国际评价、传播影响与提升策略》,《现代传播(中国传媒大学学报)》2022年第9期。
② 习近平:《论党的宣传思想工作》,中央文献出版社2020年版,第122—123页。

全球化、文化多样化、社会信息化的背景下，人们在相互交流沟通过程中接收不同的知识、信仰、艺术、道德、法律、风俗等多样文化形式与各种思想观点，推动其对原有价值观念体系的认知改变。思想文化的深度交流交融交锋，便在全球交往频繁的大势中，借由国际交往使思想文化冲突与碰撞愈加凸显出来。加之西方媒体频繁用人权、自由、政体合法性、民族问题、宗教问题等质疑、攻击、抹黑和妖魔化中国。由此带来的隐忧是对中国式现代化建设奋斗共识的解构。这也就使得主动进行中国式现代化国际传播，让世界各国民众了解、认同乃至支持中国式现代化建设显得尤为重要。思想文化的多元化复杂化正是凝聚奋斗共识的前提，在此前提下通过提升国际传播效能，加强交流沟通，方能更好凝聚中国式现代化建设的奋斗力量。凝聚中国式现代化建设奋斗力量的过程也是一个求同存异的过程，并不追求一种绝对的思想统一，而是在差异中寻找一定程度上的共性，借由国际传播平台，在更大范围内凝聚和形成共识，为中国式现代化建设贡献积极力量。

（三）提升国家文化软实力

所谓文化软实力是通过吸引他人而不是通过强制或收买等方式来达到想要达到的目的的能力，相对于通过经济、科技、军事实力等表现出来的硬实力而言，文化软实力主要表现为文化、价值观、影响力、道德准则、文化感召力等。国家文化软实力集中体现了一个国家基于文化而具有的凝聚力和生命力，以及由此产生的吸引力和影响力。中国式现代化吸收借鉴和创造性地应用一切人类优秀文明成果，把马克思主义基本原理同中国具体实际相结合、同中华优秀传统文化相结合，坚持创造性转化、创新性发展，大力发展社会主义先进文化，以全方位的社会进步彰显现代化的系统性协调性。国家文化软实力与让世界读懂中国式现代化具有深厚的内在联系。国家文化软实力显著增强是中国式现代化建设的必然要求。党的二十大报告提出，到本世纪中叶，中国将全面建成富强民主文明和谐美丽的社会主义现代化强国，并提出到2035年社会文明程度达到新的高度，国家文化软实力显著增强，中华文化影响力更加广泛深入。不断提升国家文化软实力和中华文化影响力，能够为全面建设社会主义现代化国家、全面推进中华民族伟大复兴提供坚强思想保障、强大精神力量、有利文化条件。古往今来，任何一个强国的崛起进程，既是经济总量、军事力量等硬实力不断提高的过程，也是价值观念、思想文化等软实力的国际影响实现增强的过程。体现一个国家综合实力最核心的、最深层的，还是文化软实力。文化的繁荣兴盛、国家文化软实力的强大，是中国式现代化得以实现的重要支撑条件。

近年来，随着我国硬实力的增强与对软实力建设的重视，我国软实力排名不断提高。在国际权威品牌价值评估公司 Brand Finance 发布的《2024年全球软实力指数》排名中，美国第一、日本第四，中国首次进入前三，中国的总体得分较上年提高了6.2分，从65.0分提高到71.2分，增长位列全球第一。但同时，我国的国家软实力仍有待进一步提升。"我们在国际上还存在着信息流进流出的'逆差'、中国真实形象和西方主观印象的'反差'、软实力和硬实力的'落差'。必须下大力气加强国家软实力建设，让中华文明的传播力影响力更加充分地展示出来。"[①] 特别是随着中国式现代化建设的推进，各种敌对势力对中国的西化分化、攻击抹黑、意识形态渗透等企图会更加猖獗频繁，通过加强国际传播，大力提升文化软实力，才能有力回应各种挑战，同时有效推进中国式现代化建设的步伐。

国家文化软实力之于中国式现代化的实现具有重要意义，国家

---

① 《习近平新时代中国特色社会主义思想学习纲要》，学习出版社、人民出版社2023年版，第207页。

文化软实力的增强亦离不开中国式现代化的国际传播。中国式现代化国际传播本身就可以作为衡量中国文化软实力的重要组成部分。文化的影响力，不仅取决于内容是否具有深刻内涵，还取决于是否具有强大的传播能力。有学者认为，文化软实力的形成是一个动态过程：软实力资源是基础和前提，经过"传播"这个中介，先产生浅层次效果——文化认同，后产生深层次效果——文化实践，在此基础上，将把文化软实力分为文化资源力、文化传播力、文化认同力与文化实践力四个维度的指标评价体系。[1]中国式现代化本身的建设成就及其在向世界传播过程中引发的人们对中国文化的认同与实践，使得在让世界读懂中国式现代化过程中，必然伴随着对中华文化的主动宣介，将中国特色社会主义的蓬勃生机、社会主义核心价值观的价值追求、中华文明的思想精华等，贯穿于国际文化交流和传播的方方面面，由此推动人们对中华文化的认知认同。有学者把中国文化软实力理论体系的核心内容归结为"八对范畴"和"十六个问题域"，其中无论是八对范畴中涉及的软实力与硬实力的关系、文化软实力生成的内环境与外环境的关系，还是十六个问题域中提到的当代中国新闻传播的文化软实力、中国国际交往的文化软实力、中国国家形象的文化软实力等[2]，实际皆与中国式现代化国际传播的效能深度关联。

总之，让世界读懂中国式现代化，对国家文化软实力建设具有重要的推动作用。一方面，中国式现代化建设本身可以为文化软实力提升提供基础保障作用。软实力是以硬实力为基础的，没有硬实力作基础，软实力建设就缺乏必要的支撑。中国式现代化的发展，会使中国

---

[1] 陶建杰、尹子伊：《中国文化软实力：国际评价、传播影响与提升策略》，《现代传播（中国传媒大学学报）》2020年第7期。
[2] 张国祚：《中国文化软实力理论创新——兼析约瑟夫·奈的"软实力"思想》，《中国社会科学》2023年第5期。

经济、军事、科技等硬实力变得更强，同时也会显著提升中国文化和意识形态的吸引力。近年来，中国受到全世界的广泛关注，其中一个重要原因就是中国经济高速发展带来综合国力的大幅提升，中国成为世界第二大经济体，使中国在国际舞台中有了较大的话语权。另一方面，则在于国际传播能力增强对国家文化软实力发展的重要作用。国际传播是文化软实力得以实现的传导机制、中介要素，"国家文化软实力的内容及其现实的传播力和影响力，都需要借助多种文化活动和传播载体来实现。要增强中华文化传播的影响力，就必须加强文化交流、文化教育、信息传播活动等，着力打造文化产品等软实力载体"[①]。提升中国文化软实力是一个系统的工程，而它需要与之相配套的传播设施、平台和环境，以不断增强中华文化的传播力、推广力和影响力，不断创新对外传播形式，从而实现有理说得出、说了传得开、传开叫得响的目标。

二、为世界现代化贡献中国智慧

现代化是人类社会发展的必然趋势，是不可阻挡的历史潮流。中国式现代化作为世界现代化的一部分，是在与世界互动的过程中推进的，并在发展中丰富了世界历史发展的解释模式。中国式现代化不仅展现了不同于西方现代化模式的新途径，还为其他国家现代化发展提供了新选择，为解决人类面临的共同问题提供了新方案，而且在人类文明发展史上具有极其重要的地位和意义。

（一）为其他国家现代化发展提供新选择

实现现代化是世界各国人民的共同追求和美好愿景，让世界读懂中国式现代化必然要建立在同各国现代化道路的展示、比较、沟通与

[①] 齐卫平、袁银传、朱冉琦等：《深入学习贯彻习近平文化思想》笔谈（一）》，《中南民族大学学报（人文社会科学版）》2023年第11期。

交流基础之上。世界各国的历史、文化与社会发展状况不同,其实现现代化的道路、进程也各不相同。习近平总书记指出,"一个国家选择什么样的现代化道路,是由其历史传统、社会制度、发展条件、外部环境等诸多因素决定的。国情不同,现代化途径也会不同"[1]。著名学者罗荣渠曾将近代以来的现代化实践划分为三种模式:以英法美为代表的资本主义模式、以苏联和中国为代表的共产主义模式、以印度和埃及为代表的混合型模式。[2]现代化的内容和性质是随着历史进程而变化的,在不同阶段有不同内容,在不同国家有不同历史任务。不同时代、不同社会的现代化,虽然都包含着普遍性,但又各有其特殊性。从历史发展的进程上看,西方发达国家率先开启了工业化进程,积累了现代化的先发优势,建立起了以西方为中心的现代化道路和模式。"基于此,一些国家对于西方式现代化的'模板'盲目学习、照搬照抄、简单复制,结果出现社会贫富两极化、民族冲突对抗严重、社会危机重重等局面,难以摆脱经济停滞的困境,深陷'中等收入陷阱'的泥潭之中。"[3] 20世纪以来特别是俄国十月革命后,苏联作为世界上第一个社会主义国家,曾经取得过显著的现代化建设成就,提出过系统的改变旧世界的理念,并影响了诸多国家走上社会主义发展道路,打破了资本主义现代化"一统天下"的垄断局面。但随着苏联高度集中的政治经济体制、党员干部缺乏理想信念、经济增长方式粗放等问题逐渐暴露,西方国家大搞"颜色革命",苏联模式最终退出了历史舞台。

中国的现代化建设既打破了"现代化=西方化"迷思,又没有固守传统社会主义模式,而是在坚持独立自主中走出了一条真正符合自

---

[1] 习近平:《中国式现代化是强国建设、民族复兴的康庄大道》,《求是》2023年第16期。
[2] 罗荣渠:《现代化新论:中国的现代化之路》,华东师范大学出版社2012年版,第122—129页。
[3] 刘立云、陈杰:《中国式现代化的世界意义:理论创新和实践贡献》,《贵州社会科学》2024年第1期。

身国情的新道路。习近平总书记深刻指出："十月革命的风吹进来了，但我们党最终也没有成为一个苏联式的党。冷战结束后，苏联解体、东欧剧变，我们仍然走自己路，所以我们才有今天。"[1]中国的发展，充分证明了西方模式并非唯一可行的现代化发展模式，传统的社会主义模式的失败并非科学社会主义的终结，给世界上那些既希望快速发展又希望保持自身独立性的国家和民族提供了全新选择，激励广大发展中国家更加自信地探索符合自身国情与实际需要的发展道路。现代化道路并没有固定模式，适合自己的才是最好的，不能削足适履。中国式现代化是中国共产党领导的社会主义现代化，既有各国现代化的共同特征，更有基于自己国情的中国特色。中国式现代化的性质，是现代化共同特征与中国特色的统一，与西方现代化具有本质区别。例如，区别于西方发达国家的工业化、城镇化、农业现代化、信息化是顺序发展的"串联式"过程，我国工业化、信息化、城镇化、农业现代化是叠加发展的"并联式"过程，坚持"四化同步"，用几十年时间走完西方发达国家几百年走过的工业化历程，创造了经济快速发展和社会长期稳定的奇迹，未来在推进新型工业化、信息化、城镇化、农业现代化等方面还将继续着力，为实现高质量发展打下坚实基础。中国式现代化蕴含的独特世界观、价值观、历史观、文明观、民主观、生态观等重要理念及其伟大实践，是对世界现代化理论和实践的重大创新，为人类实现现代化打开了全新视野。提升中国式现代化国际传播水平，有利于更好地把中国实践的有益启示传递给世界，为发达国家重新审视自身发展模式，反思自身问题提供参照，为更多的发展中国家提供新的发展方向。

这一点已在国际社会中得到了较为广泛的认同。新西兰商学院院

---

[1] 《习近平著作选读》第1卷，人民出版社2023年版，第190页。

长黄伟雄认为，中国式现代化的每一步跨越都将产生世界性影响。贝宁总统塔隆表示，"中国树立了榜样，给了我很多启发"。新加坡国立大学东亚研究所助理所长陈刚认为，中国式现代化是一种新的发展模式，对国情相近或处于相似发展阶段的其他国家具有借鉴意义。报道中国两会的印度《孟买信使报》记者西塔拉姆说，世界看到了中国积极的发展势头和中国经济转型升级带来的广阔机遇，中国经济高质量发展将为世界注入稳定性和正能量。[1] 实际上，中国式现代化发展道路本身就蕴含着对其他国家特别是发展中国家的坚定支持，不仅是提供了一种选择，而且作出了实实在在的贡献。"一九五〇年至二〇一六年，中国累计对外提供援款四千多亿元人民币，今后将继续在力所能及的范围内加大对外帮扶。国际金融危机爆发以来，中国经济增长对世界经济增长的贡献率年均在百分之三十以上。未来五年，中国将进口八万亿美元的商品，吸收六千亿美元的外来投资，中国对外投资总额将达到七千五百亿美元，出境旅游将达到七亿人次。这将为世界各国发展带来更多机遇。"[2] 安提瓜和巴布达总理布朗指出，"中国为世界和平与繁荣所作的贡献是无与伦比的，中国虽然不是地球上最富裕的国家，但中国一直在分享。在过去10年里，中国（与各方合作）为全球发展中国家拉动了高达1万亿美元的投资，帮助他们提升在各个领域的能力，为摆脱贫困提供了可能"[3]。

中国式现代化的理论发展与具体实践对世界上其他国家的启示意义是多样的，任何发展道路虽不可复制，但可以借鉴，中国式现代化也是如此。中国式现代化取得的成就不仅对中国未来的发展具有深刻

---

[1] 《述评：以中国之治作答时代之问——新时代中国为人类发展进步作出探索和贡献》，新华社，https://www.gov.cn/xinwen/2023-03/24/content_5748193.htm。
[2] 《习近平著作选读》第1卷，人民出版社2023年版，第570页。
[3] 《世界看两会｜多国领导人：中国为世界和平和繁荣作出了突出贡献》，百家号，https://export.shobserver.com/baijiahao/html/724310.html。

意义，对世界的发展尤其是对发展中国家的发展也具有参考价值——中国式现代化为广大发展中国家独立自主迈向现代化树立了典范。读懂中国式现代化，还应看到中国追求的不是独善其身的现代化。中国不仅期待同广大发展中国家在内的各国一道，共同实现现代化，也期待同各国携手努力，实现和平发展、互利合作、共同繁荣的世界现代化。而上述目标的实现，又有赖于中国式现代化形象在国际范围内的广泛、真实传播。

（二）为解决人类面临的共同问题提供新方案

当今世界正在经历百年未有之大变局，人类社会面临诸多共同问题，和平赤字、发展赤字、信任赤字、治理赤字急剧增加。世界怎么了、我们怎么办，这是整个世界都在思考的问题，也是中国式现代化致力于推动世界各国共同面对与解决的问题。一方面，随着全球问题不断涌现，各国对全球治理的需求日益增加。另一方面，部分大国治理供给的意愿和能力却在下降。"治理失灵"使世界对中国等新兴发展中国家在解决全球性问题方面抱有更大的期待。建构更加有效的全球治理体系是顺应世界历史发展与时代要求的必然选择。全球治理体系是全球治理规则的总称，涉及各国的利益需求与利益保障，因此，全球治理体系改革是一个历史性难题。国际社会期待听到中国声音、看到中国方案，中国不能缺席。推动让世界读懂中国式现代化对于解决人类面临的共同问题、推动全球治理体系变革具有重要意义。

其一，走和平发展道路是中国式现代化的本质特征，也是中国式现代化建构全球治理体系的重要底色。英国哲学家罗素曾指出，中国完全依靠自己能力实现的和平发展，胜过英国以侵略弱国的方式达到的繁盛。[1] 法国国际关系研究所亚洲研究中心中国研究部主任马克·朱

---

[1] 〔英〕罗素：《中国问题》，秦悦译，学林出版社1996年版，第3—4页。

利安等认为，在维护国际社会和平与安全方面，中国提出的主权平等、和平发展等国际关系理念是中国作为一个正在崛起的大国和安理会常任理事国对世界发展作出的重要贡献。中国以《联合国宪章》为宗旨，倡导主权平等、不干涉别国内政、和平解决矛盾等原则，积极推动联合国及联合国安理会的发展与改革。[1] 中华文明传承的是和平和睦和谐的理念，中国没有对外侵略扩张的基因。中国式现代化破解了人类社会发展的诸多难题，摒弃了西方以资本为中心的现代化、两极分化的现代化、物质主义膨胀的现代化、对外扩张掠夺的现代化老路，为人类对更好社会制度的探索提供了中国方案，为广大发展中国家独立自主迈向现代化提供了全新选择。中国式现代化发展高举和平、发展、合作、共赢旗帜，在坚定维护世界和平与发展中谋求自身发展，又以自身发展更好维护世界和平与发展。

其二，构建人类命运共同体，实现共赢共享，是中国式现代化的重要内容，也是中国对应对全球治理变局开出的重要方案。面对世界经济增长乏力、金融危机阴云不散、发展鸿沟日益突出等问题，没有哪个国家能置身事外，也没有哪个国家能单独应对。2017年1月，习近平主席在日内瓦发表了《共同构建人类命运共同体》的主旨演讲，系统阐述了摆脱全球治理困境的新理念。万物并育而不相害，道并行而不相悖。人类命运共同体理念回答了中国外交何去何从、国际秩序如何构建以及人类未来如何发展等重大问题，是新时代中国担当大国责任、参与全球治理的中国方案和中国智慧的体现。这反映了人类社会共同价值追求，符合中国人民和世界人民的根本利益。推动构建人

---

[1] François Godement, Moritz Rudolf, Marc Julienne, Marie-Hélène Schwoob and Kata Isenring-Szabó, "The United Nations of China: A Vision of the World Order," https://ecfr.eu/wp-content/uploads/the_united_nations_of_china_a_vision_of_the_world_order.pdf, 访问日期：2023年10月18日。

类命运共同体，不是以一种制度代替另一种制度，不是以一种文明代替另一种文明，而是不同社会制度、不同意识形态、不同历史文化、不同发展水平的国家在国际事务中利益共生、权利共享、责任共担，形成共建美好世界的最大公约数。构建人类命运共同体是世界各国人民前途所在，是应对人类共同挑战、建设更加繁荣美好世界的人间正道。这一倡议正在从理念转化为行动，产生日益广泛而深远的国际影响，成为中国引领时代潮流和人类文明进步方向的鲜明旗帜。"一带一路"倡议就是践行人类命运共同体理念的重要实践平台。据世界银行测算，到2030年，共建"一带一路"每年将为全球产生1.6万亿美元收益，占全球GDP的1.3%。2015—2030年，760万人将因此摆脱绝对贫困，3200万人将摆脱中度贫困。[①]

其三，当前世界各国面临的各种问题具有联动性的特征，中国积极参与全球治理体系改革和建设，倡导并践行共商共建共享的全球治理观，坚持真正的多边主义，推进国际关系民主化，推动全球治理朝着更加公正合理的方向发展。2017年召开的第71届联合国大会通过了关于联合国与全球经济治理决议，将中国提出的共商共建共享的全球治理观写入其中。中国积极推动构建理性化的协商程序、共识性的规则规范、可持续性的共同发展方式，追求最大化的共同利益、肯定性的共同价值。共商共建共享的全球治理观肯定了多元主体拥有平等参与全球治理的机会和政治权利，并要求根据各参与方的实际情况公平地、充分地考虑其在处理国际事务中的责任、权利以及对治理成果的分享，确立相应的规则、制度、程序，提高全球治理中的制度化水平，尤为注重治理主体间的平等交流、合作建设与共同分享，在共赢的基础上兼顾治理体系内外各方，共同分享治理红利。总体而言，共商共

[①]《共建"一带一路"十周年：成就与展望》，《光明日报》2023年6月27日。

建共享的全球治理观为全球治理体系革故鼎新注入了新动力，也指明了通向人类命运共同体的必由之路。共商共建共享理念也正在随着国际传播工作的广泛深入开展，得到更多来自国际社会的认可与接受，成为全球治理的重要共识。与此同时我们也看到，中国式现代化正处在快速发展阶段，对于提出的全球治理方案，仍在不断探索和创新中，通过国际传播走向世界，以展现中国智慧，提升中国国际认可度，获得有效的实践检验。

（三）为人类文明发展作出新贡献

文明是人类在认识世界和改造世界过程中创造的物质成果、精神成果与制度成果的总称。文明具有显著的历史性与时代性。现代化是当今人类社会发展的重要方向，现代化的发展与人类文明的发展相辅相成，也是人类文明发展进步的重要标志。中国式现代化发展道路创造了人类文明新形态，人类文明新形态呈现出中国式现代化的实践图景，让世界读懂中国式现代化必然要向世界展现出人类文明新形态，为人类文明发展作出突出贡献。"中国式现代化作为人类文明新形态，在世界文明百花园中，它是中华民族的文明；在人类社会形态发展中，它是社会主义的文明；在历史悠久的中华文明中，它是现代的文明。因此，无论是在中华文明史上还是在人类文明史上，中国式现代化创造人类文明新形态都具有里程碑式的历史地位、历史意义。"[1]

中国式现代化所创造的人类文明新形态是对以往人类文明的扬弃与超越。人类文明新形态的发展过程吸收了以往一切人类优秀的文明成果，其中也包括资本主义的优秀文明成果，但又在此基础上扬弃和超越了已有的人类文明形态，摒弃了如资本主义现代文明奉行的资本本位、二元对立、零和博弈的陈旧逻辑，探索出具有中国特色的人类

---

[1] 田心铭：《关键要读懂中国式现代化》，《思想理论教育导刊》2024年第3期。

文明发展新路，是具有社会主义与中华文化双重底蕴的现代文明。英国学者马丁·雅克就认为，中国为世界开辟了一条摒弃地缘政治、不搞强权称霸、超越零和博弈的文明发展新道路。[①] 我们既反对霸权主义和强权政治，也反对以自我为中心的狭隘的民族主义，而积极倡导以积极合作、平等交流、共同进步的价值观念推动国际合作和人类文明发展。区别于西方把自己的利益说成是各国人民的共同利益，把自己的价值观以全人类的共同价值观装饰起来，认为自身具有超时空、超阶级的适用性，适用于所有人，具有绝对的永恒性，适用于所有时间、所有地点，不以任何条件为转移，中国将和平、发展、公平、正义、民主、自由的全人类共同价值融入于人类文明新形态的创造过程，反对将本国文明凌驾于他国文明之上，反映的是人类的共同需要、共同利益、共同祈盼、共同追求，反映的是人作为类存在所具有的共性。从对人的价值观照来看，中国式现代化力求使中国人民在人类文明新形态创造过程中实现自身的现代化，以人的现代化展现人的创造力和本质力量，使之成为创造人类文明新形态的自觉的、理性的主体。坚持以人民为中心的发展思想，维护人民根本利益，增进民生福祉，不断实现发展为了人民、发展依靠人民、发展成果由人民共享，让现代化建设成果更多更公平惠及全体人民。消除人与人之间剥削与被剥削、压迫与被压迫、统治与被统治的关系，从而真正实现人的自由而全面发展。

中国式现代化创造的人类文明新形态，使人类文明呈现出崭新的样态。人类文明新形态实现了"五个文明领域"的协调发展，"五个文明"协同推进，在各个领域着力推进的基础上形成强大合力。习近平总书记指出："我们坚持和发展中国特色社会主义，推动物质文明、政

---

① 参见颜欢、任皓宇、李琰：《推动共同创造世界更加美好的未来》，《人民日报》2022年6月27日。

治文明、精神文明、社会文明、生态文明协调发展，创造了中国式现代化新道路，创造了人类文明新形态。"[1]在物质文明建设方面，实现创新成为第一动力、协调成为内生特点、绿色成为普遍形态、开放成为必由之路、共享成为根本目的的高质量发展，着力增强发展的平衡性、协调性和可持续性。在政治文明建设方面，坚定不移走中国特色社会主义政治发展道路，促进社会主义协商民主发展，推进全过程人民民主，促进民主制度更加健全、民主形式更加丰富、民主渠道更加宽广，使人民的主体性能够落实到国家政治生活和社会生活之中，使各方面制度和国家治理更好体现人民意志、保障人民权益、激发人民创造，真正实现人民当家作主。在精神文明建设方面，坚持对中华优秀传统文化的创造性转化和创新性发展，积极向世界展示中华文化的精神标识和文化精髓，不断提升国家文化软实力和中华文明影响力；不忘本来、吸收外来、面向未来，发展社会主义先进文化，繁荣社会主义文艺，推动文化事业和文化产业发展，创造了具有高度文化自信的精神文明。在社会文明建设方面，完成了消除绝对贫困的艰巨任务，在实现自身发展的同时，极大地推进了世界反贫困进程；以保障和改善民生作为社会治理的重点，通过推动社会治理体系和治理能力现代化，不断提高整个社会的文明程度，促进社会更加和谐有序；不断满足人民日益增长的美好生活需要，加强和创新社会治理，保持社会稳定、维护国家安全，创造了不断促进人的自由全面发展的社会文明。在生态文明建设方面，坚持"绿水青山就是金山银山"，推动绿色、低碳、可持续发展，实现人与自然和谐共生；同时积极落实"双碳"目标，在应对国际气候变化中不断提高自主贡献力度；坚持和完善生态文明制度体系，坚定走生产发展、生活富裕、生态良好的文明发展道

---

[1] 《习近平著作选读》第2卷，人民出版社2023年版，第483页。

路，建设美丽中国，创造了旨在实现人与自然和谐共生的生态文明。可以说，经济、政治、文化、社会、生态文明建设全面推进，正是我们所创造的人类文明新形态的鲜明特征。"五个文明"建设统一到建设社会主义现代化国家的伟大实践中，彰显了人类文明新形态的全面性和协调性。

让世界读懂中国式现代化有助于塑造人类文明交往新范式。整个人类发展史实际上就是不同文明相互交流、借鉴、融合的历史，在各国前途命运紧密相连的今天，不同文明包容共存、交流互鉴，在推动人类社会现代化进程、繁荣世界文明百花园中具有不可替代的作用。2023年3月15日，习近平总书记在中国共产党与世界政党高层对话会上首次提出了全球文明倡议："我们要共同倡导尊重世界文明多样性，坚持文明平等、互鉴、对话、包容，以文明交流超越文明隔阂、文明互鉴超越文明冲突、文明包容超越文明优越。"[①] 文明是在交往互动中发展的，马克思和恩格斯在《德意志意识形态》中明确指出，文明交往是推动人类社会进步、文明发展的动力之一。"各个相互影响的活动范围在这个发展进程中越是扩大，各民族的原始封闭状态由于日益完善的生产方式、交往以及因交往而自然形成的不同民族之间的分工消灭得越是彻底，历史也就越是成为世界历史。"[②] 每一种文明都有其独特的存在价值和意义，都是人类文明宝库中的重要组成部分，文明的交往互动丰富了文明的多样性，塑造了文明发展的可能性。文明交流互鉴，正是推动人类文明进步和世界和平发展的重要动力。

[①] 习近平：《携手同行现代化之路——在中国共产党与世界政党高层对话会上的主旨讲话》，人民出版社2023年版，第8页。
[②] 《马克思恩格斯选集》第1卷，人民出版社2012年版，第168页。

三、有利于构建中国话语和中国叙事体系

让世界读懂中国式现代化，话语体系与叙事体系的构建及其发展是重要基础。与之相适应，中国话语体系与叙事体系也在向世界推介中国式现代化进程中，获得了长足进步与发展。将中国式现代化的理论与实践优势主动向话语优势转化，对于在世界发展新态势和多样性发展格局中，打破西方国家的话语垄断，确立自身的主体地位具有重要意义。

（一）有利于丰富中国话语体系

话语体系承载特定思想价值观念，是在概念生成、语际转换、内容表达等过程中形成的语言符号系统，反映着特定的意识形态和权力关系。让世界读懂中国式现代化，就要借助于一种跨国界、跨语言、跨文化的对外交流活动，因此，话语体系建构的程度关系到其自身表达能否被国际社会有效接受进而彰显国家形象、推动文化交流等。当前，中国话语体系建设还面临着不少挑战。习近平总书记指出："落后就要挨打，贫穷就要挨饿，失语就要挨骂。形象地讲，长期以来，我们党带领人民就是要不断解决'挨打'、'挨饿'、'挨骂'这三大问题。经过几代人不懈奋斗，前两个问题基本得到解决，但'挨骂'问题还没有得到根本解决。争取国际话语权是我们必须解决好的一个重大问题。"[①] 对中国的话语偏见、误解与抹黑仍然不少，如"中国责任论""中国威胁论""中国崩溃论"、修昔底德陷阱等。破除话语偏见、彰显话语力量的基础是拥有一套完整的话语体系。建构中国式现代化国际传播话语体系，对中国式现代化的理论意蕴与现实实践进行有效的阐释，并有针对性地提高中国式现代化在国际上的影响力、感召力

---

① 《习近平关于社会主义文化建设论述摘编》，中央文献出版社2017年版，第211页。

和传播力，才能有力回应对中国的意识形态偏见与话语冲击，提高中国的国际话语权。

中国式现代化话语体系的建构是让世界读懂中国式现代化的重要内容，在国际传播的深层背景下，中国式现代化话语体系建构具有显著优势。

其一，中国式现代化话语紧紧依托中国式现代化发展实践，具有深厚的现实根基，话语素材丰富且更具有说服力。"党的十八大以来，中国深入推进对外开放，坚定不移推动经济全球化，推动建设开放型世界经济，推出共建'一带一路'、建设自由贸易试验区等务实举措，连续多年对世界经济增长的贡献率超过30%，是世界经济增长的强大引擎，也为各国提供了重要市场机遇、投资机遇、增长机遇。同时，面对当前全球经济复苏乏力、发展不平衡等问题，中国提出全球发展倡议，加快落实联合国2030年可持续发展议程，推动共建全球发展共同体，为推进全球发展事业和国际发展合作注入强劲动力。当代中国与世界研究院面向全球25个国家进行的民意调查显示，受访民众对于中国促进世界经济发展的贡献给予高度评价，认可度均超过93%，认为中国以自身发展助力全球共同发展。"[①] 国家是否拥有话语权，除了硬实力方面的因素之外，还在于它的价值观念和话语体系是否能够有效回答和解决当今世界面临的重大问题。这些生动鲜活的实践，正是对当今世界面临的共同问题的现实解答，正是形成具有强大解释力的话语体系的基础，极大地提振了中国式现代化话语传播的底气与自信，丰富了讲好中国式现代化故事的话语资源。

其二，中国式现代化话语融通中外、具有中国特色，借助话语体系创新能够增强在国际上的话语权。中国有很多本土化的概念并不能

---

① 中国外文局：《讲好中国式现代化的故事》，《求是》2024年第7期。

为国际社会所理解，而国际社会流行的多数概念又不能很好地解释中国现实。中国式现代化话语则既体现着对现代化问题的普遍关注，即各国现代化的共同特征和一般规律，上升到了世界性的话语表达，彰显中国话语与国际话语的共性，这有利于更好地在国际舞台上交流沟通，又注重从中国的历史文化中锤炼出具有鲜明中国特色的标识性概念。中国式现代化话语体系是一套反映和表征现代中国社会发展独特经验及其世界意义的话语体系。除中国式现代化这个概念本身外，"新发展理念""人类命运共同体""全过程人民民主"等话语概念皆具有该特点。中国共产党领导人民深入探索中国式现代化道路，并且愿意向世界各国人民分享探索成果，提出了一系列彰显中国立场、中国智慧、中国价值的理念、主张、方案，正在为世界呈现一个为人类文明作贡献的中国。"针对全球发展赤字，中国提出了以新发展观、新合作观、新型全球化方案为主体内容的改写全球发展观念的中国话语；针对全球治理赤字，中国提出了以全球治理观、新型国际关系为主体内容的优化全球治理的中国话语；针对全球信任赤字，中国提出了以正确义利观、信任观为主体内容的增进全球信任的中国话语；针对全球和平赤字，中国提出了以新安全观、新型大国关系为主体内容的维护世界和平的中国话语；针对西方的文化霸权、文化殖民以及文明优越论、文明冲突论，中国提出了以新文明观、全人类共同价值为主体内容的重构世界文明格局的中国话语；针对西方的制度输出、'颜色革命'以及历史终结论、世界趋同论，中国提出了以自主选择的制度观为主体内容的探索更好社会制度的中国话语等等。"[1] 这些话语既直接面向世界问题，又扎根于中国式现代化的现实逻辑、实践内容与经验创造等，包含自身独特的世界观、文明观、生态观、价值观，有力提升

---

[1] 陈曙光：《论国际舞台上的话语权力逻辑》，《马克思主义与现实》2021年第1期。

了中国式现代化话语体系的信任度与认同度。今后，要进一步进行国家议题及话语体系的开掘，利用中国经验，从人类共性、共情的角度体现中国作为世界大国的责任与担当，在世界发展新态势和多样性的发展格局中谋取最大公约数，打造基于共同价值观的话语优势。除此之外，中国式现代化话语体系具有理论体系的基础与支撑，因而在发展中能够更具有说服力。如中国式现代化的基本内涵、主要范畴、本质特征、实现范式、演进规律等内容，能够体现和反映对中国式现代化本质和规律的认识成果，对该理论体系的创新与发展，提高和强化着中国式现代化的话语影响力。

（二）有利于发展中国叙事体系

在让世界读懂中国式现代化过程中，中国话语体系和中国叙事体系是密不可分的两大体系。2021年5月31日，习近平总书记在十九届中央政治局第三十次集体学习时的讲话中强调，"要加快构建中国话语和中国叙事体系，用中国理论阐释中国实践，用中国实践升华中国理论，打造融通中外的新概念、新范畴、新表述，更加充分、更加鲜明地展现中国故事及其背后的思想力量和精神力量。要加强对中国共产党的宣传阐释，帮助国外民众认识到中国共产党真正为中国人民谋幸福而奋斗，了解中国共产党为什么能、马克思主义为什么行、中国特色社会主义为什么好"[1]。话语是叙事的基础与叙事的必然产物，叙事则是逻辑自洽的话语。叙事的核心是用故事讲道理，故事因其通俗、生动、真切而更容易贴近受众、打动人心，有跨文化和跨语言的潜力，有助于消除文化隔阂。叙事体系的建构则能够更充分、更鲜明地展现中国故事及其背后的思想力量和精神力量。中国式现代化叙事体系的建构会随着世界时局与时代发展的变化适时调整。中国式现代化作为

---

[1]《习近平在中共中央政治局第三十次集体学习时强调　加强和改进国际传播工作　展示真实立体全面的中国》，《人民日报》2021年6月2日。

当下国际社会广泛关注的重要话题，其全球影响力在不断增强，将中国式现代化丰富、生动、鲜活的叙事内容，灵活多样的叙事形式与适应国际受众需要的叙事风格相结合，是发展中国式现代化叙事体系的必然选择。建设更加有效的中国式现代化叙事体系是为突破已有的叙事格局，不断寻求与建构更加符合国家需要、适应国际传播环境的叙事方式与叙事体系。习近平总书记指出："我们国家发展成就那么大、发展势头那么好，我们国家在世界上做了那么多好事，这是做好国际舆论引导工作的最大本钱。我们有本事做好中国的事情，还没有本事讲好中国的故事？我们应该有这个信心！随着我国经济持续健康发展、综合国力和国际影响力不断提升，国际社会对中国的关注在加深，中国道路愈来愈成为人们研究的对象。这为我们做好思想舆论工作提供了重要机遇。我们要因时而动、顺势而为，把思想舆论工作大大向前推进一步。"[1] 要广泛宣介中国主张、中国智慧、中国方案，我国日益走近世界舞台中央，有能力也有责任在全球事务中发挥更大作用，同各国一道为解决全人类问题作出更大贡献。中国式现代化的理论与实践，包含着波澜壮阔的中国故事，也呼唤与之相匹配的国家叙事和解释力。

其一，让世界读懂中国式现代化，其重要基础在于对中国式现代化自主叙事体系的构建。在中国式现代化叙事中立足国际社会叙事环境，体现我们的制度、理论、道路、文化自信，讲述好独立自主、逻辑自洽的中国历史、现实与发展故事。首先，中国式现代化有其深刻的历史文化渊源。独特的文化传统、独特的历史命运、独特的基本国情，注定了我们必然要走适合自己特点的发展道路。讲述历史可以提供多元视角，展示不同文化和社会体系的价值，提升国际受众的认知和接受能力。"历史是现实的根源，任何一个国家的今天都来自昨

---

[1] 《习近平关于社会主义文化建设论述摘编》，中央文献出版社2017年版，第208—209页。

天。只有了解一个国家从哪里来，才能弄懂这个国家今天怎么会是这样而不是那样，也才能搞清楚这个国家未来会往哪里去和不会往哪里去。"①"从传播学角度看，讲述事物完整发展历程，呈现前因后果，重大事件之间的因果关系、逻辑联系，有助于深度理解和建立全面认知。从跨文化认知角度看，不同文化背景的人在理解历史事件、发展过程及影响方面存在认知差异，讲述中国式现代化的发展历程可以提供多元视角，展示不同文化和社会体系的价值，也能通过重大事件增强说服力。"②让世界读懂中国式现代化面对的是不同文化、民族、地区的受众，向其讲清楚中国式现代化的整体历史进程，及其在起点、速度、路径上与不同现代化发展道路的共性与差异，以及基于以往文化、道德和治理模式的历史发展，对今天中国式现代化发展道路提供的经验传承，才能真正使其理解中国走社会主义发展道路实现现代化的历史必然性。其次，中国式现代化进程中蕴含着大量鲜活的实践案例，能够让国际受众直面中国式现代化的现实力量。从目前国际社会关注度较高的议题入手，如脱贫攻坚战、和平共处五项原则、"一带一路"倡议等，它们既为国际受众高度关注，又带有新时代全球发展的普遍特征与中国特色，与此同时，也要讲好中国经济、政治、文化、社会与生态的整体叙事。最后，中国式现代化还描绘了美好的未来发展图景，能够让国际受众感受中国现代化建设事业的巨大成长空间和强大生命力。如中国作为人类命运共同体的倡导者，是全球安全倡议、发展倡议、文明倡议的首倡者，在国际传播叙事中就要包含对命运与共的世界未来发展方向的前瞻。将中国式现代化的未来愿景、目标、理念以

---

① 习近平：《出席第三届核安全峰会并访问欧洲四国和联合国教科文组织总部、欧盟总部时的演讲》，人民出版社2014年版，第41页。
② 马忠、淡雨萌：《中国式现代化国际叙事的跨文化透视》，《陕西师范大学学报（哲学社会科学版）》2023年第6期。

讲故事的方式叙述出来，向国际受众呈现未来中国式现代化发展的预期状态，既能在一定程度上破除一些人对中国未来发展存疑的观念，也能坚定受众信心，展示未来发展的可能性与长期前景。

其二，让世界读懂中国式现代化需要运用多元叙事策略。叙事方式在国际传播叙事体系中占据重要地位。通过采用文字、图片、音频、视频等丰富多彩的形式，灵活运用对比、智能技术等多重叙事手段，能够使中国式现代化更好传播开来。在内容层面要更加讲究叙事技巧，讲好中国式现代化的故事既要讲好集体的故事也要讲好个人的故事。从中国式现代化发展的内在本质上看，社会主义条件下的人是全面的人，是追求物质生活与精神生活相协调的人。中国式现代化所追求的目标是促进人的自由而全面发展，最终是人民的现代化。这种人民的现代化既是个体现代化又是全体人民的现代化。从国际传播本身的叙事需要来看，在人人都有麦克风的时代，个体化叙事具有良好的传播基础。中国人民的素质空前提高，在对外经济、政治、文化交流合作中历练了同他国人民打交道的能力，因此对于融入世界和投入民间外交的热情和意愿空前高涨。中国故事是触及心灵的日常化、生活化的故事，关注"我"的故事打造，传播个体在现代化大潮中的命运，能更好地反映中国式现代化成就的现实性，更能打动人心。当然，个人化、生活化的中国故事还要结合更广义的中国社会议题，做好集体与个体的调适。总之，叙事不是简单地讲故事，而应当通过叙事策略的创新推动故事所传播的信息与理念真正入耳、入脑、入心。构建中国式现代化叙事体系，要创新叙事策略，着力营造平等对话和共情语境，善于运用翔实的数据、直观的案例、具象的表达，准确阐明中国式现代化的理论与实践。

第二章
让世界读懂中国式现代化的进展与挑战

党和国家一直高度重视向国际社会宣传介绍中国的现代化主张、理论与实践。特别是新时代以来，党中央着眼于第二个百年奋斗目标，增进同世界各国的友好往来，为全面推进中国式现代化创造有利的国际环境，明确提出了让世界读懂中国式现代化的重要命题。新时代中国各领域的繁荣发展及中国国际传播能力的显著增强，为让世界更好读懂中国式现代化奠定了重要基础，推进了中国式现代化故事在国际社会的广泛传播。而对于让世界读懂中国式现代化这样一项宏伟事业，也面临着多方面的压力与挑战。从外部环境看，当前美西方国家仍然是国际传播秩序的主导者，在传播资源、传播技术、市场份额等方面占据明显优势。他们凭借这些优势，不仅持续向全世界输出西方发展模式，宣扬西方价值观，形成"现代化等于西方化"的迷思，还故意对以中国为代表的发展中国家的发展道路进行攻讦。"中国威胁论""中国崩溃论"等由美西方国家政界、理论界炮制的错误论调，经由西方媒体的轮番炒作，对中国式现代化的国际传播造成了严重负面影响，干扰了国际受众对中国式现代化的客观评价。从内部条件看，新时代以来，党和国家高度重视国际传播工作，让世界读懂中国式现代化事业取得重大进展，但由于工作基础相对薄弱，同发达国家相比，我国在中国式现代化国际传播的媒体力量、话语体系、传播策略及人才结构等方面，仍存在较大优化空间。

一、让世界读懂中国式现代化取得的进展

新时代以来,党和国家高度重视国际传播工作,提出一系列新论断新举措新要求。其中,中国式现代化对外传播工作格外受到关注,明确提出"读懂中国,关键要读懂中国式现代化"重大要求。经过长期努力,让世界读懂中国式现代化事业取得显著进展,不仅中国式现代化的国际影响力实现大幅提升,国际社会对中国形象的认同度也明显提高。

(一)提出读懂中国式现代化的重要命题

在党和国家的对外交往活动中,向世界各国人民宣传介绍中国的现代化建设成就一直居于重要地位。如早在新中国成立初期,周恩来便亲自指导创办了向国际社会宣传新中国建设成就的外文刊物《中国建设》。1951年8月,在杂志首次筹备工作会议上明确刊物定位为:"重点报道中国社会、经济、文教、救济和福利方面的发展,以使国外最广泛的阶层了解中国建设的发展,以及人民为此进行的努力。"[1] 1957年该刊创刊五周年时,周恩来为其亲笔题词祝贺,并对编辑方针作出指示:"要以社会主义为范围,以生活为内容,积极地、正确地报道新中国的伟大成就。"[2] 进入改革开放新时期,为适应将工作重心转移到社会主义现代化建设上来的新形势,党进一步加强了中国现代化建设的对外传播工作。1980年,中共中央在发布的《关于建设对外宣传小组加强对外宣传工作的通知》中明确规定:对外宣传的根本任务将从促进世界革命调整到建构世界对中国的认知,为中国的现代化建设创造有利的国际舆论环境。[3] 此后,随着中国现代化实践的不断发展,综合

---

[1] 中国福利会编:《宋庆龄与中国福利会》,上海人民出版社2000年版,第223页。
[2] 《爱泼斯坦新闻作品选》,今日中国出版社1995年版,第179页。
[3] 胡耀亭:《中国国际广播大事记》,中国国际广播出版社1996年版,第256页。

国力的持续增强，不仅党和国家更加重视向国际社会阐述中国关于社会主义现代化的发展理念与显著成就，国际社会对中国式现代化的关注度也明显提高。新世纪前后，"中国道路""中国模式""中国崛起"等有关中国现代化的讨论逐渐成为国际舆论场中炙手可热的话题。

新时代以来，随着中国日益走近世界舞台中央，党和国家前所未有地重视向国际社会宣传介绍中国式现代化，并明确提出了让世界读懂中国式现代化的重要命题。2012年12月5日，习近平总书记在北京人民大会堂同在华工作的外国专家代表亲切座谈时，深情表示："我要向你们，并通过你们向关心和支持中国现代化建设的各国朋友表示诚挚的感谢。"[1] 足见党中央和新一届领导人对在国际上树立良好的中国现代化形象的高度重视。此后，习近平总书记在全国宣传思想工作会议、党的新闻舆论工作座谈会、政治局集体学习等重要场合，多次就如何做好中国式现代化国际传播工作作出重要指示。2021年中国共产党迎来百年华诞，当年7月6日，中国共产党与世界政党领导人峰会在北京以视频连线方式举行，来自160多个国家的500多个政党和政治组织等领导人、逾万名政党和各界代表参加了这次重要会议。习近平总书记在会上发表了以《加强政党合作 共谋人民幸福》为题的重要讲话，其中突出强调了中国式现代化的发展历史、主要内涵与世界意义。"中国共产党将团结带领中国人民深入推进中国式现代化，为人类对现代化道路的探索作出新贡献。中国共产党坚持一切从实际出发，带领中国人民探索出中国特色社会主义道路。历史和实践已经并将进一步证明，这条道路，不仅走得对、走得通，而且也一定能够走得稳、走得好。我们将坚定不移沿着这条光明大道走下去，既发展自身又造福世界。现代化道路并没有固定模式，适合自己的才是最好的，不能削足

---

[1] 吴琦敏、兰红光：《中国是合作共赢倡导者践行者》，《人民日报》2012年12月6日。

适履。每个国家自主探索符合本国国情的现代化道路的努力都应该受到尊重。中国共产党愿同各国政党交流互鉴现代化建设经验，共同丰富走向现代化的路径，更好为本国人民和世界各国人民谋幸福。"①这是习近平总书记在对外交往活动中，首次公开对中国式现代化进行集中阐述，并得到了国际社会的高度关注。博茨瓦纳执政党民主党总书记巴洛皮表示："中国共产党的百年征程和辉煌成就拓展了广大发展中国家走向现代化的路径，为人类进步事业提供了新的选择、机遇和希望。博民主党愿继续学习借鉴中国共产党治国理政经验，共同为推动人类进步事业贡献政党力量。"②

2022年10月，党的第二十次全国代表大会隆重召开。习近平总书记在大会报告中，对中国式现代化进行了全面系统阐述，向全党发出"从现在起，中国共产党的中心任务就是团结带领全国各族人民全面建成社会主义现代化强国、实现第二个百年奋斗目标，以中国式现代化全面推进中华民族伟大复兴"的重要号召。③在此前后，中国式现代化已正式成为党和国家对内对外开展宣传工作的核心课题。如党的二十大召开后，越共中央总书记阮富仲于10月30日起对中国进行正式访问，习近平总书记在会谈中强调："在新的伟大征程上，必须坚定历史自信、增强历史主动，以中共二十大精神为指导，以中国式现代化推进中华民族伟大复兴，为实现第二个百年奋斗目标团结奋斗，为人类和平与发展的崇高事业作出新的更大贡献。"④在此后的重要外事活动中，党和国家领导人都会向国际社会重点介绍中国式现代化的理论与实践，表达欢迎各方力量参与中国式现代化建设的真诚希望，为

---

① 习近平：《加强政党合作　共谋人民幸福》，《人民日报》2021年7月7日。
② 张修智等：《加强政党交流互鉴　共创更加美好未来——多国人士热议中国共产党与世界政党领导人峰会》，《人民日报》2021年7月11日。
③ 《中国共产党第二十次全国代表大会文件汇编》，人民出版社2022年版，第18页。
④ 《习近平同越共中央总书记阮富仲举行会谈》，《人民日报》2022年11月1日。

推进中国式现代化创造有利的国际环境。2023年底，习近平总书记在向"读懂中国"国际会议（广州）致贺信中明确指出："读懂中国，关键要读懂中国式现代化。今天，中国正在以中国式现代化全面推进强国建设、民族复兴伟业，推动构建人类命运共同体，中国的前途命运和人类的前途命运紧密联系在一起。我们坚持以高水平开放促进高质量发展，持续打造市场化、法治化、国际化营商环境，稳步扩大规则、规制、管理、标准等制度型开放。我们坚定不移致力于扩大同各国利益的汇合点，不断以中国新发展为世界带来新动力、新机遇。中国期待同各国携手努力，实现和平发展、互利合作、共同繁荣的世界现代化。希望与会嘉宾为促进中国与世界交流合作、实现共同发展繁荣、推动构建人类命运共同体贡献力量。"[1]明确突出了让世界读懂中国式现代化在促进对外交往、树立良好形象、改善发展环境等方面的重要意义。

从主动对外宣传中国现代化建设成就，到树立中国致力于现代化建设的国际形象，再到明确提出读懂中国式现代化的重要命题，不仅反映了中国对外传播话语的发展变化，更凸显了现代化建设在我国国际传播工作中的重要地位。回溯历史，每一个大国在崛起的过程中，都实现了自身发展模式的国际化传播；着眼现实，中国式现代化的进一步繁荣发展，离不开有利的国际舆论环境和国际社会的大力支持。让世界读懂中国式现代化是让国际社会真实、立体、全面认识中国，感受中国发展成就与魅力的必要之举。

（二）讲好中国式现代化的能力明显增强

总体上看，一个国家对外讲好自身现代化发展经验的能力主要取决于两个方面。一是国家现代化发展的整体情况，这是向世界传播现

---

[1] 《习近平向2023年"读懂中国"国际会议（广州）致贺信》，《人民日报》2023年12月3日。

代化发展模式的基础。二是国家的国际传播能力，代表了向世界呈现现代化形象的手段与技巧。二者间存在着极为密切的联系，国家发展能够为提升国际传播能力提供更多素材，奠定物质基础；国际传播实力的增强，则有助于为国家的进一步发展创造有利外部条件。

中华人民共和国成立以来，中国共产党领导人民经过70多年的接续奋斗，使旧中国从一个积贫积弱的落后国家，发展成为一个富强民主文明和谐美丽的现代化国家。世界第二大经济体、第一大贸易国、第一大工业生产国等一系列重量级称号，充分证明了中国式现代化在实践层面取得的巨大成功。这也为向世界讲好中国式现代化奠定了重要基础。除了实践维度，我国在中国式现代化理论建构方面也取得重大进展。党"进一步深化对中国式现代化的内涵和本质的认识，概括形成中国式现代化的中国特色、本质要求和重大原则，初步构建中国式现代化的理论体系，使中国式现代化更加清晰、更加科学、更加可感可行"[1]。然而中国式现代化在实践与理论层面均取得历史性成就的同时，在国际上却没有得到应当享有的声誉和影响力。这在一定程度上折射出我国国际传播能力建设存在不足、对外话语权有待提升的问题。正如2016年2月19日，习近平总书记在党的新闻舆论工作座谈会上所指出的："我国综合国力和国际地位不断提升，国际社会对我国的关注前所未有，但中国在世界上的形象很大程度上仍是'他塑'而非'自塑'，我们在国际上有时还处于有理说不出、说了传不开的境地，存在着信息流进流出的'逆差'、中国真实形象和西方主观印象的'反差'、软实力和硬实力的'落差'"，并作出"要下大气力加强国际传播能力建设，加快提升中国话语的国际影响力，让全世界都能听到并听清中

---

[1] 《正确理解和大力推进中国式现代化》，《人民日报》2023年2月8日。

国声音"的重要指示。①新时代以来，由于党和国家的高度重视和多方面的深化改革，我国国际传播能力实现大幅度提升。如在理论维度，提出媒体融合、分众化传播、文明交流互鉴等重要理念，为提高国际传播能力提供了根本遵循；在制度维度，相继颁布了《深化文化体制改革实施方案》《党委（党组）意识形态工作责任制实施办法》《中国共产党宣传工作条例》《关于加快发展对外文化贸易的意见》《关于加强"一带一路"软力量建设的指导意见》等一系列规章制度，为提高国际传播能力提供了重要保障；在实践维度，中国媒体集体出海，"主场外交"隆重举办，跨国文化合作广泛开展，夯实了提高国际传播能力的物质、文化基础。国际传播能力的切实提升为向世界讲好中国式现代化创造了有利条件。

中国式现代化国际传播体系的初步建立，为中国式现代化国际传播奠定了重要基础。面对信息传播变革和前所未有的舆论压力，中国也必须对国际传播体制机制进行全面深化改革。而建构具有中国特色的国际传播体系，正是我国国际传播工作在危机中育新机、在变局中开新局的关键举措。我国于2008年首次提出建设国际传播体系的工作要求。进入新时代，习近平总书记多次围绕国际传播体系建设发表重要论述。继2021年6月，习近平总书记在十九届中共中央政治局第三十次集体学习时，明确作出"构建具有鲜明中国特色的战略传播体系"的重大部署后②，又于2024年7月，在就党的二十届三中全会《决定》进行说明时，提出了"推进国际传播格局重构，构建更有效力的国际传播体系"的全面深化改革要求。③总体上看，我们可以将中国特色国

---

① 《坚持正确方向创新方法手段 提高新闻舆论传播力引导力》，《人民日报》2016年2月20日。
② 《加强和改进国际传播工作 展示真实立体全面的中国》，《人民日报》2021年6月2日。
③ 《关于〈中共中央关于进一步全面深化改革、推进中国式现代化的决定〉的说明》，《人民日报》2024年7月22日。

际传播体系概括为中国共产党领导下,以宣传思想部门协同各方为传播主体,主流媒体联合各领域为传播载体,当代中国实践和人类优秀文明成果为主要传播内容,人文交流活动为重点传播方式,塑造中国良好形象和推动构建人类命运共同体为中心目标的国际传播工作系统。实践表明,一个国家的国际传播体制机制是同其整体发展水平、政治制度和文化传统具有密切联系的。如国际传播工作不仅具有政治、文化属性,也带有鲜明的经济属性。基于这一特征,美国等资本主义国家出于谋取经济利益目的,大力支持国际媒体和大型跨国公司,仿照国内经济体制,在全世界范围内建立起高度市场化的输出型文化产业体系,不仅使传播产业为其带来丰厚利润,也达到其维持文化霸权的目的。[1] 相比于其他国家,中国在国际传播体系建设方面也拥有多重优势。首先,党的坚强有力领导和我国社会主义制度优越性赋予了国际传播体系建设以显著的政治优势。如集中力量办大事的制度特点,便能够极大提升整个工作体系的建设进度和运作效率。其次,日益强大的综合国力夯实了我国国际传播体系的建设基础。经过改革开放以来,特别是新时代的高质量发展,我国通信系统和传播设施的建设能力大幅提高。以新华社为例,在短短三年时间里,其驻外分社迅速从2009年底的123家,扩增至178家。[2] 这足以说明中国在发展国际传播方面拥有的坚实物质基础。最后,中国悠久的历史文化、成功的现代化建设实践和种类繁多的自然人文景观,能够为发展国际传播提供取之不尽的创作素材。随着中国特色国际传播体系的不断丰富发展,让世界读懂中国式现代化将获得更为坚实的传播基础。

(三)中国式现代化故事的广泛传播

新时代以来,由于党和国家对让世界读懂中国式现代化事业的高

---

[1] 张小平:《当代文化帝国主义的新特征及批判》,《马克思主义研究》2019年第9期。
[2] 万京华:《新华社驻外机构的历史变迁研究》,《现代传播》2014年第10期。

度重视，我国在向世界讲述中国式现代化方面的综合能力实现全方位提升，突出表现为中国式现代化故事在世界范围内的广泛传播，并得到国际社会的高度认可。首先，中国式现代化实践的多角度叙事。在相当长的一段时间里，中国在向国际社会讲述中国式现代化故事时，内容主要集中在经济领域，这不仅由于我国现代化实践在经济层面取得的成就最为显著，为现代化国际传播提供了丰富的素材，也有出于同国际社会进一步加强经济方面合作，吸引其投资中国市场的考虑。这些国际传播工作，确实在一定程度上起到了在国际上树立中国经济大国形象，改善营商环境的目的。但进入新世纪以后，特别是新时代以来，由于中国在经济、政治、文化、社会、生态等各领域的全面发展，经济大国或经济强国已不足以向世界呈现全面立体的现代化中国形象。同时，在个别西方国家大肆炒作"中国威胁论"等错误论调、贸易保护主义思潮有所抬头的形势下，过多宣传中国的经济现代化成就，也有可能会产生负面作用。据此，我国对中国式现代化故事的讲述内容进行了调整，由以经济为主转向多角度叙事，竭力向世界呈现真实、立体、全面的中国形象，并很快得到了国际社会的关注与认可。比如，近年来我国生态建设取得历史性成就，发生历史性变革，我国国际传播布局中生态现代化建设方面的议题也明显增多，取得了不错的传播成效。联合国环境规划署执行主任安德森在央视高端访谈中指出："我非常喜欢中国提出的'绿水青山就是金山银山'理念，相比于诸如温度数据、温室气体的技术性术语，这种富有诗意的表达更能引起共鸣，这是可持续发展的中国式表达。"[①]

其次，中国式现代化故事的多样化传播。新时代以来，中国式现代化故事在国际范围内广泛传播的另一个重要表现是讲述方式由相对

---

① 张鑫、王若瑾：《中国生态文明国际传播话语体系建构路径及成效》，《中国出版》2024年第4期。

单一逐渐转变为多元复合，这使故事的客观性、亲和力及叙事感得到明显提升。如在主体维度，我国抓住了自媒体在全世界范围内迅速发展普及的时代契机，支持鼓励民营媒体企业参与国际传播事业，积极培育网络主播，丰富拓展了以党政机关、官方媒体为主的中国式现代化国际传播主体队伍。TikTok、微信等社交媒体受到国际社会的青睐，李子柒、办公室小野等网络红人在 YouTube 等国际媒体上受到追捧，充分说明了主体多元化对于提高国际传播实力的重要性，而他们在视听作品中呈现的关于中国式现代化建设的各类信息，也丰富了国际社会了解中国发展的渠道。又如在载体维度，中国在向国际社会呈现中国式现代化建设景象时，不再局限于书报等纸质媒体，而是通过电视剧、电影、短视频等多种形式，多角度生动呈现中国式现代化的人文意蕴。如以中国现代化建设为时代背景的电视剧《人世间》早在拍摄阶段就被迪士尼看中，并预购了其海外独家发行权。对于这一举动，该片导演直言："对剧组创作来说是一种新的压力和动力，'我们希望，每一个镜头、每一句台词、每一场戏都要有国际视野，要思考外国观众看了会怎么样。'"[①] 类似的《山海情》《三十而已》《以家人之名》等现实题材影视作品也得到了国际社会的关注，并使他们从现实、历史与文化等各个角度深度感受中国式现代化的魅力。

最后，国际社会对中国式现代化故事的认可度显著提高。一方面，关注中国式现代化故事的国际受众明显增加。如近年来中国网络文学在国际社会的受欢迎度大幅提升，中国印象与数字出版协会支持的《2023年中国网络文学出海趋势报告》显示，中国网络文学行业海外营收规模达40.63亿元，同比增长39.87%。这些作品的翻译语种达20多种，涉及东南亚、北美、欧洲和非洲的40多个国家和地区，"中国网

---

① 刘阳：《国产影视剧加快走出去（文化市场新观察）》，《人民日报》2022年4月13日。

络文学已成为中国文化走出去最具活力的载体之一"[1]。而近期中国网络文学发展的一大亮点，就是反映现实题材的创作持续增长，为世界读者理解中国发展、感受中国价值、品味文化魅力提供了重要窗口。[2] 此外，以中国式现代化发展为主题或背景的短剧、电影、微视频也成功博得更多海外受众的青睐。另一方面，中国式现代化故事中蕴含的中国理念、中国方案赢得越来越多认同和支持。如像中国核安全观、构建人类命运共同体、以人民为中心等为重要题材或精神内核的中国式现代化故事被更多的国家所响应，并被写入相关国际文件中。[3] 国际社会对中国形象认同度的提高，也是中国式现代化故事得到广泛传播的重要体现。中国外文局发布的《中国国家形象全球调查报告2019》显示，来自22国的11000个海外受访者对中国的整体印象为6.3分（满分为10分），较2013年5.1分提升了1.2分。其中，海外发展中国家对中国整体形象好感度较高，达7.2分，呈现持续上升趋势。海外民众认为中国未来应该优先塑造"全球发展的贡献者"形象。[4] 上述成绩充分说明了新时代以来中国式现代化国际传播获得的成功。

二、让世界读懂中国式现代化面临的外部挑战

长期以来，西方国家依托强大的综合国力、先进的科学技术和雄厚的理论创新实力，在全世界范围内大肆输出西方现代化发展模式，传播价值观念，构建了"现代化等于西方化"的迷思。近年来，以中

---

[1] 赵世锋：《受欢迎的中国网络文学》，《人民日报》2024年1月29日。
[2] 任飞帆：《中国网络文学蓬勃生长（文化市场新观察）》，《人民日报》2023年11月29日。
[3] 叶淑兰：《中国国际话语权建设：成就、挑战与深化路径》，《国际问题研究》2021年第4期。
[4] 当代中国与世界研究院课题组：《中国国家形象全球调查分析报告（2019）》，《人民论坛·学术前沿》2020年第20期。

国为代表的发展中国家的群体性崛起，特别是其国际传播意识与能力的显著增强，正在加速重塑和改变以西方为主导的不公平的国际传播秩序。但美国等西方国家不会轻易放弃话语霸权地位，并通过垄断国际传播资源，设置话语陷阱及制造价值观偏见等方式，对中国式现代化的国际传播制造挑战与压力。

（一）西方国家仍在国际传播秩序中占据优势地位

历史已经充分证明，在生产力发展上最先实现突破，进而引发生产关系变革的国家，总是能奠定关键性优势，并据此在激烈的国际竞争中占得先机。具体到国际传播领域，19世纪前后欧美国家最先掌握了电报、无线广播等便捷的国际传播技术，建立了通讯社等专门传播组织，并依托它们建构了"东方从属于西方"的国际传播秩序。二战后，殖民地国家纷纷摆脱殖民统治，实现了民族独立。他们渴望在国际舞台上树立正面形象，获得国际社会对本国发展的同情和支持，但现实却往往与此相违。欧美国家依靠对传播技术的绝对垄断地位，不仅肆意抹黑其他国家，制造沉重的国际舆论压力，甚至还借此干预他国内政，制造"颜色革命"。著名政治学家亨廷顿表示："对一个传统社会的稳定来说，构成主要威胁的，并非来自外国军队的侵略，而是来自外国观念的侵入，印刷品和言论比军队和坦克推进得更快、更深入。"[①] 随着网络时代的到来，西方国家试图通过掌握舆论主导权，进而主导世界的战略意图变得更加明显。美国学者阿尔文·托夫勒曾在《权力的转移中》强调："世界已经离开了暴力与金钱控制的时代，而未来世界政治的魔方将控制在拥有信息的强人手里，他们会使用手中掌握的网络控制权、信息发布权，利用英语这种强大的文化语言优势，

---

① 〔美〕塞缪尔·P.亨廷顿：《变化社会中的政治秩序》，王冠华、刘为等译，上海人民出版社2008年版，第129页。

第二章　让世界读懂中国式现代化的进展与挑战

达到暴力和金钱无法征服的目的。"[①]新世纪以来，国际传播问题也引起了发展中国家的高度重视，伴随发展中国家的群体性崛起，它们在部分通信科技领域取得重大突破，向世界真实呈现发展中国家形象与主张的能力显著增长。面对这一形势，西方国家为了维护其霸权地位，自然不会轻易放弃其在国际传播格局中的优势地位，并采取垄断传播资源、封锁先进传播技术及打压传播平台等方式，阻止国际传播秩序的改变。

　　欧美国家对国际传播资源的垄断。国际传播资源主要指承载传播信息的载体，它是连接国际传播主体与受众之间的桥梁。载体的表现形式既可以是有形的，如通讯社、电视、国际广播，也能够以文化等无形的方式存在。传播资源在整个国际传播体系中占据重要地位，谁掌握着绝大多数传播资源，谁就将占据传播的主导权。资本主义国家通过控制国际传播渠道，输出西方发展模式及其价值观的历史由来已久。早期殖民国家在开展海上贸易时，除了携带琳琅满目的货品外，还专门带着报纸。西方殖民者不但携带报纸漂洋过海，还在他们所到之处创办具有宗主国色彩的报刊。像印度尼西亚、印度、巴基斯坦、孟加拉国、墨西哥、巴西、埃及、几内亚等亚非拉国家的首份报纸都是由西方殖民者创办的。[②]西方国家一方面依靠战争、商品开拓国际市场，另一方面则通过报纸等媒介影响殖民地的思想，宣扬西方文明优越论。此后电报的发明与使用，大大提高了西方国家向发展中国家输出意识形态的效率。电报作为最早出现的可靠的即时远距离通信方式，其出现后不久便被英美等国用于殖民扩张，"19世纪后半叶，由于电报的使用，帝国的传播体系得以在全世界蔓延。""电报传送的速度和可靠性不仅为他们提供了赚取巨额利润的机会，同时还为帝国在国际上

[①]　〔美〕托夫勒：《权力的转移》，刘红等译，中共中央党校出版社1991年版，第105页。
[②]　程曼丽：《信息全球化时代的国际传播》，《国际新闻界》2000年第4期。

拓展势力服务。"[1]此后，西方国家通过垄断通讯社、大众媒体及无线广播等国际传播资源，进一步巩固其在国际传播格局上的领导地位。随着经济发展全球化、传播方式网络化时代的到来，广大发展中国家愈发认识到国际传播的重要性，并积极发展培育本国的国际传播媒介，但当前欧美国家仍垄断着绝大多数国际传播资源，并据此形成话语霸权，向全世界肆意输出他们的发展模式，侵犯后发国家的发展选择权。

首先，传播资源高度集中与西方模式的肆意宣扬。在当下的国际传播格局中，无论从哪个角度统计，欧美国家均在传播资源的掌握量上居于绝对领先地位。如从媒介平台的角度看，电视和网络是全球民众获取各类信息的主要渠道，单美国就控制了全球75%电视节目的生产和提供了80%以上的网上信息。[2]市场规模是衡量国际传播资源占有量的又一主要参考，21世纪初全球传媒和娱乐业的市场规模为10889亿美元，其中美国、欧洲分别达到4787亿和3408亿美元，占全球份额的75.26%。[3]进入网络时代，特别是自媒体的蓬勃发展，曾使部分人畅想，随着个体在国际网络空间拥有更加自由平等的信息发布和获取权利，各类资源垄断于欧美发达国家的传播格局将得到重塑，但事实却与此相悖。有研究者对2004—2014年间各国对互联网受众的影响力进行排序，其中排名前十位的国家中有6个是西方国家（依次为美国、英国、日本、德国、法国、加拿大），其中美国牢牢占据第一名的位置。[4]又如在互联网搜索引擎领域，2019年美国谷歌公司占据全世界市场份

---

[1] 〔英〕达雅·屠苏：《国际传播：延续与变革》，董关鹏译，新华出版社2004年版，第20页。
[2] 郭可：《国际传播学导论》，复旦大学出版社2004年版，第159—160页。
[3] 刘笑盈：《中外新闻传播史》第4版，中国传媒大学出版社2022年版，第217页。
[4] 陈云松、柳建坤：《当代中国国际传播：受众特征与提升路径》，《中国浦东干部学院学报》2022年第3期。

额高达78.23%。①另有学者通过量化分析得出结论："发达国家基本垄断了自媒体信息流。"②这必然导致信息生产与接收上的不平衡状态，形成"西强东弱"的国际传播格局。而在这些由发达国家掌握的传播资源中，对于西方发展模式、价值观念的宣传始终占据重要位置。如早在2001年，美国智库兰德公司便在受美国国防部部长办公室委托撰写的《美国信息新战略：思想战的兴起》报告中建议：要维护互联网传播内容的政治性，在全球互联网领域中传播美国价值观念，使美国的思想、观念、行为准则和道德标准成为互联网主导思想。2009年12月，美国国务院高级创新顾问埃里克·罗斯更是在公开演讲中强调："以互联网、短信息服务、社会性媒体、移动应用程式为代表的'连接技术'已经成为21世纪的主导性力量，新媒体技术的全球性扩散，为美国提供了历史性的机遇，美国必须在技术扩张中占据主导地位。"③而美国等西方国家除了在日常生活里，利用国际网站等信息发送平台，不断地在世界各地宣扬西方发展道路，贬低中国等发展中国家的成功实践，更会在其他国家发生内乱或政治冲突时，掀起舆论海啸，达到其"和平演变"的目的。

其次，文化产品输出与西方价值观渗透。欧美国家除了公开利用国际传播媒体为西方现代化模式摇旗呐喊，还十分擅长将西方价值包装在文化产品中，向其他国家进行"润物细无声"的文化渗透。文化作为一种看不见、摸不着的传播载体，其给社会带来的影响远远没有暴力入侵、商品倾销等方式来得直接，但发挥的作用却不可小觑。著名传播学者赫伯特·席勒曾在《大众传播与美帝国》一书中指出："在发展农业和工业中出现的错误和失败如果造成短暂的损失，那么这种

---

① 陆地、孙延凤：《媒介帝国主义的特征与影响》，《新闻爱好者》2022年第4期。
② 相德宝：《自媒体时代的中国对外传播策略》，《当代传播》2011年第6期。
③ 唐小松、刘彦社：《奥巴马政府网络外交论析》，《国际问题研究》2010年第6期。

错误和失败还仍然是可以补救的。但是文化模式一旦确立，其影响将是无止境的、持续的。"[1] 在利用文化产品输出价值观方面，美国可谓无出其右。美国学者约翰·耶马曾指出："关于文化扩张，美国真正的武器是好莱坞的电影业、麦迪逊大街的形象设计厂和马特尔公司、可口可乐公司的生产线。"[2] 以好莱坞电影为例，其占据了世界电影市场份额的90%以上，而它不仅传播了美国梦，也在潜移默化地形塑着其他国家人民的价值追求。

最后，资本化运作是欧美国家垄断传播资源的重要推手。以美国为首的发达国家所以能够掌握绝大多数国际传播资源，除了它们在传播技术、规则制定等方面处于优势地位外，更重要的是形成了资本化的国际传媒生产机制。具体表现在媒介寡头基于雄厚的资本力量，以形成传播霸权，赚取高额利润为最终目的，持续进行跨媒介、地域、行业的兼并扩张，形成媒介资源垄断。早在19世纪，传播手段的国际化便给资本主义国家带来了丰厚的利益，欧洲资本主义的发展导致人们对商业信息和情报产生了迫切需要。在1800—1913年间，随着传播的发展，世界贸易增长了25倍多。资本的逐利性驱使资本家们将大量的金钱、资源与人员投向发展国际传媒，通过并购等资本运营手段使市场迅速得到扩张。这不仅推进了国际传播网络的发展，也加剧了资本主义跨国公司对传播资源的垄断。这一点在互联网时代表现得最为明显。"资本和互联网可以说是一对天作之合。"[3] 以传媒大亨默多克为例，在几十年的时间里其以并购重组为主要方式，构建了一个横跨报纸、杂志、通讯社、电视、电影、互联网各大媒体，在全球拥有840多

---

[1] 〔美〕赫伯特·席勒：《大众传播与美帝国》，刘晓红译，上海译文出版社2013年版，第105页。
[2] 《美国的霸权霸道霸凌及其危害》，《人民日报》2023年2月21日。
[3] 陈璐、段京肃：《电子殖民：全球化文化帝国的媒介殖民之道》，《甘肃社会科学》2013年第3期。

家媒介企业的媒介帝国。而这也奠定了西方发展模式国际化传播的媒介基础。

欧美国家对先进传播技术的封锁。以美国为首的西方国家，为了保持其在国际传播格局中的主导地位，不仅大力发展本国传媒产业、在世界各地投资传媒业务，以壮大其控制下的国际传媒网络，还在先进传播技术上实行封锁政策，遏阻后发国家传播业的发展。欧美商业集团通过垄断先进通信技术，赚取高额利润的历史由来已久。冷战时期，资本主义国家联合对社会主义国家实行严密的技术封锁政策，其中通信传播技术一直是他们实行封锁的重点领域。如1979年，美国《出口管制法》将限制高新技术转让作为出口管制的"特殊重点"，具体包括计算机网络、大型计算机系统、电子通信等当时世界领先的传播技术；1990年6月，美国、英国等巴黎统筹协会成员国又共同决定：将尖端材料、材料加工、电子、计算机、电子通信、激光检测、航空航天、海洋技术、运载系统等9个领域的高新技术列入管制范围。[①]美国试图通过垄断通信技术巩固其在国际传播领域霸主地位的冷战思维，并没有随着冷战的终结而终结，反而因为发展中国家的群体性崛起而愈演愈烈。突出表现在以下几个方面。

第一，把控制国际市场作为阻滞后发国家发展传播技术的重要手段。进入21世纪以来，以华为、中兴为代表的发展中国家通信公司发展十分迅猛，在5G等尖端科技上率先实现突破，占据了一定的市场份额。这引起了美国等西方国家的高度警觉。他们为了维护自身科技霸权，特别是维护其在信息通信领域的绝对领导地位，公然实行贸易保护主义政策，对其他国家的通信企业实行严厉的制裁措施。主要做法一是采取贸易管制措施，干预高科技产品的自由出口。如从2018年开

[①] 崔丕：《美国的遏制战略与巴黎统筹委员会、中国委员会论纲》，《东北师大学报（哲学社会科学版）》2000年第2期。

始，美国陆续将我国上百个涉及人工智能、超级计算、芯片制造、通信技术的企业或科研院所列入实体清单。这些企业在获得许可证前，美国各出口商不得帮助名单上的企业获取受本条例管辖的一切先进科学技术产品。二是加征关税，降低其他国家高科技产品出口竞争力。2018年3月以来，美国对我国出口美国的包括通信产品在内的高科技产品多轮加征10%~25%不等的关税。与此同时，美国还鼓动英国、日本、韩国等国家一同对中国高科技企业实施制裁。对于任何企业，市场都是产业链至为重要的一环。在经济全球化的背景下，企业的产业链愈发国际化，国际市场成为通信企业获取原材料、开展技术合作和出售产品的主要渠道。在充分掌握市场主动权的情况下，美国可以联合其他国家任意通过实施管制制裁手段，压缩中国等后发国家通信企业的市场空间，使其面临严重的市场压力，进而影响甚至是中断其科技研发计划。而国际市场竞争的背后归根到底是科学技术的竞争，美国在通信市场上的话语权很大程度上源自于其信息技术上的强大实力，这种实力赋予了美国通过控制市场阻碍其他国家发展尖端通信技术的能力。

第二，形成"技术联盟"维护传播技术霸权地位。近年来，美国等西方国家在科技领先优势被缩小，甚至是被反超的情况下，经常会打着"民主、自由"的旗号，通过联络其他国家建立联盟，寻求通过联合中断产品产业链、供应链等手段来维护技术领导权。"这一'技术联盟'是美国及其伙伴国家在新科技革命条件下为争夺新科技霸权而建立的排他性联盟框架。"[①] 如2019年5月，由美国政府发起，德国、日本等32个国家在捷克布拉格召开了所谓的"5G安全大会"，这次会议通过的提案以维护国家安全为名，对如何从政策、技术、经济等角度

---

① 唐新华：《西方"技术联盟"：构建新科技霸权的战略路径》，《现代国际关系》2021年第1期。

排除中国5G技术产品进行了探讨。此后，在美国政府的政治压力下，欧盟、韩国、印度等国家纷纷以"布拉格提案"为基础，逐步提出放弃使用中国5G网络设备的计划。从2021年开始，美国又联合日、韩、欧盟等国建立"6G朋友圈"，围堵打压中国6G技术发展。[1]当前，以美国为主导的"技术联盟"已经从5G技术迅速扩展至包括芯片、软件、人工智能等整个数字通信领域。

第三，依靠制定技术规则来限制其他国家发展高端通信技术。美国除了通过挤压市场、破坏供应链等方式维护其技术霸主地位，还领导其他国家建立不平等的技术规则，延缓发展中国家的科技发展。奥巴马政府曾于2011年发表的《网络空间国际战略》报告中提出："美国将在网络空间构建负责任的行为规范来指导各国，维持伙伴关系，并支持法治建设"，并以此来"塑造符合美国国家利益的全球网络空间秩序"[2]。此后，美国试图利用主导制定科技发展与规则体系来维护其霸权地位的思想愈发成熟，并出台了一系列相关政策。如2021年美国政府公布的《国家安全战略临时指南》宣称："美国必须在促进共同规范和就新兴技术、太空、网络、健康和生物威胁、气候和环境及人权等领域达成新协议方面发挥领导作用。"在人工智能领域，美欧计划在标准制定和应用方面形成对全球人工智能标准规则的制定，已达到其在数据规模、治理及价值观上领先于中国的目的。[3]在这些由美国主导的各类标准制定协会中，美国不仅在标准制定上拥有绝对话语权，还可以通过操纵会员等方式，阻挠中国等国家提出的有利于发展中国家的标准改革方案。这势必给后发国家发展高端通信技术造成负面影响。

---

[1] 李兵、刘文龙：《拜登政府的6G政策及其制约因素》，《现代国际关系》2023年第2期。
[2] 宫云牧：《网络空间与霸权护持——美国网络安全战略的迭代演进与驱动机制》，《国际展望》2024年第1期。
[3] 唐新华：《技术政治时代的权力与战略》，《国际政治科学》2021年第2期。

欧美国家对中国传播平台的打压。近年来，发展中国家日益认识到在世界舞台上表达主张、展现自身发展经验、树立正面形象的极端重要性，积极致力于国际传播能力建设。这使得后发国家的媒体建设水平得到不同程度的提升，其中个别传播平台还引起了国际社会的追捧，成为世界了解发展中国家的重要窗口。然而美国等西方国家不会任由这些新兴国家的传播平台快速发展，对其文化霸权地位构成严重威胁，并接连对中国等国的信息传播平台实行封锁打压政策。如2020年2月，美国将新华社、《中国日报》美国发行公司、中国国际电视台（CGTN）、中国国际广播电台、《人民日报（海外版）》美国总代理（海天发展有限公司）5家中国媒体驻美机构列为"外国使团"。4个月后，又将中央电视台（CCTV）等4家中国媒体增加列管为"外国使团"。[①]按照美国《外国使团法》的规定，在美国境内参与外交、领事或其他活动，由外国政府或官方机构实际拥有或有效控制的使团或团体，都被认定为"外国使团"。此外，美国政府还要求中国媒体压缩驻美中国籍员工数量，并将原本无限期的记者签证缩短至90天。这些无理举措无疑将严重损害中国媒体的声誉和形象，对中国媒体在美开展正常报道活动造成严重干扰。如中新社记者表示："特朗普政府打压中国媒体的做法，在中国驻美记者群体中造成一定的'寒蝉效应'，不少记者有沮丧和疲惫情绪"，一些原本拥有较高工作热情的外籍雇员，在"供职机构被列为'外国代理人'后，其工作情绪受到影响"[②]。

尽管美国方面声称，之所以将上述中国媒体列为"外国使团"，是由于这些媒体全部属于或者被外国政府控制，然而事实证明，这完全是借口和托词。任何类别的传播媒体，凡是对西方国家主导的传播格

[①] 王晓波：《中方针对美方打压中国媒体采取对等反制措施》，《人民日报》2020年7月2日。

[②] 张蔚然：《新时期对美舆论引导的要素、变量与机制探析》，《对外传播》2020年第6期。

局构成威胁，都会遭到打压制裁，这在美国政府对TikTok的封禁上表现得最为明显。TikTok是中国民营企业抖音集团于2016年推出的短视频社交平台。自2017年下半年出海跻身国际市场后，迅速受到北美、欧洲、亚洲等国家网民的追捧，在短时间内风靡全球，多次登上美国、印度、德国、法国、日本等国应用商店下载量排名首位。由于TikTok在欧美市场的爆火，当地互联网企业最先感受到了TikTok在商业上构成的威胁。2019年，Facebook公司CEO马克·扎克伯格多次在公开场合表达TikTok会对美国价值观和技术主导地位构成挑战与威胁，并要求特朗普政府重视TikTok潜在的技术安全隐患。美国政府实际上接受了本土商业媒体的建议。2020年8月，美国总统特朗普签署行政命令，要求中国字节跳动公司在90天内剥离抖音海外版（TikTok）在美国运营的所有权益。美国的这一无理行径，引发了全球各界人士对于美国泛化安全概念，滥用国家力量剥夺企业合法权利的深切忧虑。甚至"美国有关智库也表示，仅仅因为某款应用软件属于中国企业就将其禁用的做法绝不是出于安全理由"[①]。后因美国民众强烈反对、特朗普下台等原因，封禁TikTok的计划未能实现。在此前后，英国、法国、日本、印度等国家也出现了封禁TikTok的声音和举措。此后几年时间里，一部分美国政客仍以"威胁美国国家安全"为由，鼓动美国政府和民众对其采取限制措施。特别是美国众议院能源和商务委员会又于2024年3月通过一项立法提案，给中国字节跳动公司一个"二选一"的选择：要么在法案生效后165天之内剥离对TikTok的控制权；要么被美国各大应用商店禁止上架，并得到美国现任总统拜登的支持。除了TikTok，欧美多国还曾以同样理由，对QQ、WPS、VMate、微信等软件颁布禁令。从整体上看，欧美国家对中国传播平台实行封禁措施，既有经济

[①] 王骁波：《美要求字节跳动剥离TikTok在美业务，外交部发言人——出于强盗逻辑和政治私利的巧取豪夺》，《人民日报》2020年8月18日。

因素，也有政治原因，但归根到底是源于中国通信科技水平的提升，对由他们主导的国际传播格局构成了威胁。

（二）西方现代化话语霸权的阻碍

"现代化等于西方化"谜思的形成，除了有传播技术层面的原因，更是理论建构的结果。始于15世纪末的世界殖民史，不仅是一部西方国家利用坚船利炮，野蛮入侵落后国家的历史，也是一部西方现代化话语在世界范围内肆意传播、快速繁殖的历史。广袤的亚非拉国家曾一度沦为各种西方现代化模式的试验场。第二次世界大战后，实现独立的发展中国家纷纷踏上探寻国家出路的新阶段。美西方国家却始终没有放弃称霸全球的幻想，他们转而以向发展中国家输出发展模式、传播价值观念等更隐蔽的形式，实行思想殖民。"一些发展中国家放弃对自身发展道路的探索，盲目照搬西方模式却陷入混乱局面，思想根源就在于此。"[①] 在历经艰辛探索后，以中国为代表的发展中国家群体性崛起，中国等新兴经济体的发展模式引发了后发国家的高度关注，现代化模式的国际传播格局正在发生显著变化。然而美西方国家从未主动放弃他们在现代化话语上的垄断地位，他们依靠领先的学术研究实力、强大的文化输出能力和灵活的传播策略，不仅夸大西方发展模式的优越性，而且不遗余力地对后发国家的现代化实践进行攻讦与抹黑。不绝于耳、层出不穷的"中国崩溃论""中国威胁论""中国见顶论"就是例证。美西方国家对中国式现代化的攻讦与误读本质上是西方中心主义的体现，这些错误论调不仅对世界认识理解中国式现代化造成了严重阻碍，对于中国的现代化实践也造成了多重负面影响。

西方现代化话语垄断的形成及其影响。首先，西方现代化话语的理论建构。从本质上看，西方现代化理论来源于社会进化论思潮。19

[①] 钟声：《民族自信心铸就"中国梦"》，《人民日报》2013年1月8日。

世纪后期，工业革命在欧美国家取得重要进展，资本主义的发展从自由竞争阶段进入垄断阶段。社会进化论的重要代表人物将达尔文的进化论应用于社会学研究中，并提出社会达尔文主义。其核心思想是人类社会的进化也像生物体一样沿着线性的阶段升进。"人类社会进化的结局是走向经济的强度分殊化、权力的理性化、政治民主的制度化、社会的世俗化，而西方世界则是这一进化进程的最高阶段。整个非西方世界都以西方世界为榜样而被'西方化'（westernization）。"[1] 两次世界大战曾一度湮没西方世界对社会进化论的追捧与吹嘘，直到20世纪五六十年代，西方资本主义世界出现前所未有的经济繁荣，才使社会进化论重新受到高度关注。此时，摆脱殖民地位的发展中国家开始探求新的发展道路，西方政界、学界趁机向后发国家大力推销资本主义发展模式，并将研究发展中国家发展道路作为一项重点工作。"从20世纪40年代后期到60年代前期这段时间，也正值欧洲殖民帝国的解体和后来被称为第三世界或发展中世界国家的出现。这些新近独立的国家怀有极大的现代化并赶上其原来殖民主义母国的渴望"，并促使一大批欧美理论家"视这类势头强劲的发展为社会理论的实验室和极好的机遇，以帮助发展中国家提高生活水平并使它们的政治制度民主化"[2]。西方现代化理论便在这样的时代背景下快速发展起来。西方现代化理论的思想来源和产生背景，注定了它带有深刻的"西方优越论""西方中心论"烙印。"概而言之，现代化理论是乐观的社会进化论思潮的产物，是西方资产阶级社会思潮的产物，甚至可说是战后'美国第一'的自

---

[1] 罗荣渠：《现代化新论——中国的现代化之路》，华东师范大学出版社2013年版，第23页。
[2] 〔美〕塞缪尔·P.亨廷顿：《变化社会中的政治秩序》，王冠华、刘为等译，上海人民出版社2008年版，序言。

大狂思潮的产物。"① 在此基础上经过长达几十年的发展，西方社会逐步形成了庞大复杂的现代化理论体系。而无论西方现代化理论如何发展，均不能摆脱西方社会＝现代社会、其他国家＝传统社会、学习西方是其他国家实现现代化的唯一选择的公式。在西方现代化理论体系中，民主、自由、个人主义、三权分立、权力制衡等象征着西方文明的核心概念更是贯穿其中。西方现代化理论是使世界笼罩"现代化等于西方化"迷思的关键支撑。正如西方现代化理论家罗斯托本人指出的：西方"现代化"实质就是旧殖民主义的替代物，"现代化将取代殖民主义，它会创造'自由世界的北半部和南半部之间一种新的殖民主义的关系'"，美国构建的西方现代化理论和话语体系，承担着掩盖美国推行帝国主义经历的作用。②

西方现代化话语的实力基础。西方现代化话语霸权的形成，不仅来源于理论包装，还以经济、政治、军事、国际传播等实力为基础。"占主导地位的话语权不过是占统治地位的经济关系在国际话语场的表现，不过是以话语形式表现出来的占统治地位的物质关系。"③ 自工业革命以来，欧美国家凭借先进的科学技术、资本主义生产关系"创造的生产力，比过去一切时代创造的全部生产力的总和还要多，还要大"④，并以此确立了西方国家的经济中心地位。尽管资本主义制度内部存在着不可调和的矛盾，但它从外部呈现出来的人类社会不曾有过的繁盛景象，很容易让同其存在较大发展差距的后发国家产生钦羡之情。特别是在新闻、广告及电影等现代传播媒介的包装之下，资本主义的

---

① 罗荣渠：《现代化新论——中国的现代化之路》，华东师范大学出版社2013年版，第25页。
② 〔美〕雷迅马：《作为意识形态的现代化：社会科学与美国对第三世界政策》，牛可译，中央编译出版社2003年版，第27、28页。
③ 陈曙光、刘影：《论话语权的演化规律》，《求索》2016年第3期。
④ 《马克思恩格斯文集》第2卷，人民出版社2009年版，第36页。

"优越性"更加凸显出来，并使其他国家对西方发展模式产生浓厚兴趣，在实践中进行效仿。而对于拒绝被纳入到资本主义生产体系中的国家，西方国家又会通过实施经济封锁、制裁，甚至动用武力等方式，强迫其在经济上处于附属地位，成为提供原材料的出产地和倾销商品的市场。这是西方国家以所谓的"实力"，向后发国家推行市场化、自由化、私有化等的强盗逻辑。

以美国为首的西方国家为了维护其话语霸权，除了依托于强大的国际传播体系，向全世界输出西方发展模式，还肆意歪曲误读后发国家的发展道路，剥夺其对于自身现代化发展模式的定义权。改革开放以来，中国在经济建设等方面取得举世瞩目的成就，使得越来越多的西方学者参与到有关中国发展道路、发展模式的讨论中来。进入新时代以后，一方面，中国更加主动地向世界分享中国经验、贡献中国智慧；另一方面，全世界也更加关注中国的发展。在这样的背景下有关中国式现代化的讨论上升为国际舆论中炙手可热的议题。而在这些评论中，不乏故意对中国式现代化进行攻讦抹黑的观点。有学者曾对《华盛顿邮报》《纽约时报》、CNN、美联社等美国主流媒体进行过统计，在一个季度里对中国的报道，从题目来分析，负面的占50%，中性的占25%，有一点积极意义的占25%；如果按字数或文章长短来计算，90%以上是负面的。[①] 从总体上看，西方理论界对中国式现代化的误读主要集中在以下几个方面。

其一，认为中国式现代化并不足以被称作一种发展模式，从根本上否定中国式现代化的国际话语权。尽管西方社会从整体上承认中国的现代化实践取得了巨大成就，但就这一实践能否上升为一种发展模式存在质疑。如诺贝尔经济学奖获得者约瑟夫·斯蒂格利茨在谈及后

---

① 王桂芝：《中国道路国际话语权面临的外部挑战与应对》，《北京联合大学学报（人文社会科学版）》2017年第3期。

发国家的发展问题时，认为中国和印度都没有走西方式的发展道路，但两国的经验仍不足以被称作发展模式，成为其他发展中国家效仿的榜样："如果说当前关于促进世界上穷国的发展还有什么共识的话，那就是：真正的共识根本不存在。"① 德国汉学家托马斯·海贝勒则认为中国仍未完成从计划经济向市场经济的转型，在这种条件下谈论"中国模式"还为时过早。② 还有学者认为中国发展上取得的成就，并不主要在于中国开创了正确的前进道路，而应该归结为外部因素，享受了经济全球化的红利，即中国的发展首先取决于"中国的经济改革时间恰逢英美新自由主义全球扩张时期，具有'世界史意义的巧合'，而通过拥抱西方资本主义，中国抓住了历史机遇"③。

其二，否定中国式现代化的社会主义性质，认为中国式现代化是对西方现代化模式的补充。如美国著名左翼学者马丁·哈特·兰兹伯格指出："中国的市场改革并不通往社会主义的复兴，而是通往彻底的资本主义复辟"，认为中国模式的实质不是利用资本主义来建设社会主义，而是利用社会主义来建设资本主义。④ 法国经济学者托尼·安德尼在2015年发表的论文中在对中国经济发展特征进行探讨后，得出结论："中国模式"是"市场社会主义"的具体实践。⑤ 类似的还有西方学者将中国式现代化的性质归结为新自由主义模式、国家资本主义模式、封建资本主义模式等。这类观点在西方学术界很有市场，它们承认中国

---

① 黄平、崔之元主编：《中国与全球化：华盛顿共识还是北京共识》，社会科学文献出版社2005年版，第86页。
② 俞可平等主编：《中国模式与"北京共识"——超越"华盛顿共识"》，社会科学文献出版社2006年版，第113页。
③ 〔英〕大卫·哈维：《新自由主义简史》，王钦译，上海译文出版社2010年版，第137页。
④ 陈曙光：《中国道路：西方话语的另类解读》，《江汉论坛》2014年第8期。
⑤ 袁航：《中国现代化道路的制度支撑——基于世界意义的论析》，《社会主义研究》2021年第3期。

式现代化在某些方面具有一定独创性，但却认为其在根本性质上仍属于一种西方化的现代化模式，体现了欧美学者的西方中心论观点。

其三，悲观预测中国式现代化的发展前景。在这方面，"中国崩溃论"和"中国威胁论"是两种较有代表性的论调。早在20世纪90年代，西方理论界便开始出现看衰中国经济发展的声音，进入21世纪后，这种论调迅速升温。如2001年7月，美籍华裔律师章家敦在《中国即将崩溃》一书中认为中国经济繁荣是一种假象，该书正式出版后立即受到追捧，成为美国的畅销书，不到一年时间内连续印刷三次。章家敦还多次在美国、新加坡、中国香港、中国台湾等地演讲，招来了一批呼应者，在社会上激起不小的波澜。此后十余年时间里，欧美学界还试图从政治、社会、金融等角度鼓吹"中国崩溃论"，但都被中国的繁荣发展所推翻。然而西方学者不会放弃做西方模式卫护者的立场，近几年里，他们抓住中国发展中面临的经济增速放缓、人口老龄化等问题，臆造"中国见顶论"等错误论调。甚至《华尔街日报》中文官网还故意设置了"中国经济放缓"专题栏目，从2023年8月至2024年元旦便刊发了多达160余篇文章，引起国际社会的高度关注。[①]

几乎在西方学界提出"中国模式"概念的第一时间，他们便给中国的现代化实践贴上了"中国威胁论"的标签。此后，伴随中国式现代化事业的不断发展壮大，这种论调的声势也持续增强，并从"经济威胁论"衍生到文化、军事、生态与新兴科技等各个领域。总体上看，西方理论界对中国式现代化的攻讦可以概括为两个方面。一是否定中国式现代化作为一种现代化模式的存在性，持这种观点的学者认为它只不过是西方现代化模式的"再版"和"翻版"。二是认为中国式现代化是一种独特的发展模式，但又冠之以"中国崩溃论""中国威胁论"

---

① 于泽远：《围绕中国经济的舆论战》，《联合早报》，https：//www.zaobao.com/finance/china/story20240122-1463505.

等标签,即中国存在一种迥异于西方世界的发展模式,却是不可持续、不合理的。借助于学术包装,依托于强大的经济、军事实力,西方现代化话语强硬地扩散到世界各地,无论西方还是东方,都一度沦为西方现代化理论的试验场,奉西方发展模式为圭臬。然而实践表明,寄希望于通过照搬西方现代化理论踏上富强新路,过上如发达国家般殷实生活的美好想法不过是黄粱一梦。二战后,试图通过学习模仿西方现代化模式并成功跻身发达国家行列的国家可谓少之又少,绝大多数国家深陷"贫困陷阱"或"中等收入陷阱"等泥沼之中。而遭受西方国家军事入侵,强行建立起西方政治制度与价值体系的伊拉克、叙利亚、利比亚等国家,更是陷于四分五裂、战火纷飞的困境中无法自拔。尽管如此,西方现代化话语在发展中国家仍有较大的影响力。习近平总书记曾在2015年底召开的全国党校工作会议上指出:"我们有些人甚至党内有的同志却没有看清这里面暗藏的玄机,认为西方'普世价值'经过了几百年,为什么不能认同?西方一些政治话语为什么不能借用?接受了我们也不会有什么大的损失,为什么非要拧着来?有的人奉西方理论、西方话语为金科玉律,不知不觉成了西方资本主义意识形态的吹鼓手。"[①]西方理论界对于中国式现代化的误读与贬损,造成了多重负面影响,不仅严重损害了中国形象,破坏了中国同其他国家,特别是同周边国家的友好合作关系,而且也在一定程度上降低了国内群众对中国式现代化的信心与认同。对此我们必须从理论与实践等多个层面予以反击与澄清,在国际传播中还中国式现代化以本来面目。

(三)文化和价值观层面的偏见

对于在国际舆论场中的任何国家或个人,都要身处于特定的文化背景与立场之上来认识理解外来信息。这意味着文化将对国际传播的

---

① 《习近平谈治国理政》第2卷,外文出版社2017年版,第327页。

第二章　让世界读懂中国式现代化的进展与挑战

成效产生重要影响。相较于让世界读懂中国式现代化，在话语建构层面遭遇的来自政界、学术界的挑战，文化和价值观层面的压力更多来自于底层社会，对国际传播的影响也更加广泛。一般而言，一种文化进入到持另一类文化的国家时，并不能被完全接受。文化本身即带有强制性特点，它"是限制个人行为变异的一个主要因素"[①]。也有学者将这种现象比作"文化折扣"，即主要强调因为文化背景的差异，文化商品从一个文化区域流入另一个文化区域时，人们在进行文化商品消费时，理解能力和兴趣等都会大打折扣，文化商品的价值也相应降低，进而提出计算文化折扣的公式"文化折扣=（国内相应产品价值-进口价值）/国内相应产品价值"[②]。这一概念可以为我们从文化和价值观层面理解中国式现代化在国际传播中遭遇误读和屏蔽提供一定理论镜鉴。

首先，中西文化差异影响西方社会对中国式现代化的理解。中国式现代化理念之所以在国际上存在"有理说不出，说了传不开，传开叫不响"等问题，同东西方在文化上存在差异性密不可分。如梁漱溟曾将世界文明分为西、印、中三大系统。其中西方文化以意欲向前作为根本精神，西洋生活是直接运用理智；中国文化以意欲自为调和折中为其根本精神，中国生活是理智运用直觉；印度文化以意欲反身向后要求为其根本精神，印度生活是理智运用现象。[③] 与之相似，美国哲学家约翰·杜威强调西方文化是征服自然，东方文化则是与自然融合。这种文化上的差异性，决定了各民族以各自的价值与尺度来接受与抵制外来文化。"纵观人类历史，把人们隔离开来的往往不是千山万水，

[①] 〔美〕C.恩伯、M.恩伯：《文化的变异》，杜杉杉译，辽宁人民出版社1988年版，第37页。
[②] 李彪：《新时代中国国家形象的"传播折扣"与应对》《人民论坛·学术前沿》2023年第24期。
[③] 陈志军、张青主编：《书法禅艺术探索》，武汉出版社2017年版，第26页。

不是大海深壑，而是人们相互认知上的隔膜。"① 这种文化上的差异性将对中国式现代化在国际范围内的传播与接受造成直接影响。例如在中国文化中，国家或政府往往被视为公共利益的代表，个人与社会之间的统一性要远大于对立性，官方观点在民众间较容易取得信任。在西方社会则与此相反，政府同社会之间是一种契约关系，民众对政府行使公权力设置了诸多限制，以防范政府因侵犯公民权利而制造"罪恶"。② 在这两种不同社会文化孕育下形成的媒体市场，也遵循着带有明显差别的运行规则。由于中国官方媒体在中国式现代化国际传播中居于绝对主导地位，西方社会对政府与生俱来的批判性与怀疑感，将自然地使其对相关内容保持警惕，以至于怀疑抗拒。文化差异导致西方对中国式现代化的误解，还体现在他们对中国话语的翻译上，如中国将"大国"翻译为 Major-Country，美国媒体却将其翻译为 Great-Power，以达到渲染权力竞争色彩的目的。

其次，文化中心主义导致西方社会对中国式现代化的偏见。文化中心主义是指每一种文化都试图用自己的文化价值去观察和评价他者，特别是在文化冲突发生的时候，每一种文化都习惯于抬高自己的文化价值，以凝聚文化群体的信念，取得对他文化的支配权。与文化中心主义相伴随的是刻板印象、偏见和歧视，它们共同构成了跨文化传播的阻碍。③ 区别于国家民族间与生俱来的文化差异性，文化中心主义的产生与兴起，既有自然而生的一面，但也包括主权国家主动建构的因素。如在16世纪至20世纪初的西方殖民扩张时期，欧美国家通过大肆宣扬本民族文化的优越性，贬低落后国家文化的低劣，为其实行殖民

---

① 《习近平谈治国理政》，外文出版社2014年版，第264页。
② 陈云松、柳建坤：《当代中国国际传播：受众特征与提升路径》，《中国浦东干部学院学报》2022年第3期。
③ 卫白鸽：《文化认同理论视域下中国对非洲跨文化传播的实践探索》，《西亚非洲》2024年第2期。

政策创造条件。爱德华·W.萨义德指出："在我们这个时代，直接的控制已经基本结束；我们将要看到，帝国主义像过去一样，在具体的政治、意识形态、经济和社会生活中，也在一般的文化领域中继续存在。"① 文化中心主义一方面使西方社会刻板地认为中国仍然是一个贫穷、落后、愚昧的国家，对中国式现代化的成功实践深表质疑；另一方面则想当然地以为中国发展模式是对西方现代化道路的抄袭和模仿。部分西方媒体也会利用这种文化心理，精心挑选受访对象进行引导式问答，以此来强化中国长期以来在西方眼中的落后形象。这无疑给中国式现代化的国际传播造成较大阻力。

最后，价值观分歧造成西方社会对中国式现代化的误解。以中国为代表的东方社会在价值观上更加强调小我要融入大我，将个人理想融入社会理想的集体主义精神，与之相反，西方社会则更加强调个人主义，强调个人观点、表达和彰显个人意志。如"中国梦"与"美国梦"的内涵便反映了中西文化的巨大差异性。实现中华民族伟大复兴在目标上具有一致性，在主体上强调由中华民族共同实现；而美国梦则是通过个人的努力获取个体的荣誉、地位和财富。② 由于西方社会将个人利益置于优先地位，这使得他们难以理解"全体人民共同富裕""以人民为中心"等具有鲜明集体主义价值观色彩的中国式现代化理念。此外，西方社会在个人主义价值观基础上形成的赢者通吃、零和博弈、弱肉强食等理念，也使得他们从内心深处对中国式现代化国际传播中所宣扬的美美与共、天下大同思想表示怀疑。需要强调的是，中西在文化与价值观上的差异性，不单单会给中国式现代化在西方国

---

① 〔美〕爱德华·W.萨义德：《文化与帝国主义》，李琨译，生活·读书·新知三联书店2016年版，第10页。
② 李彪：《新时代中国国家形象的"传播折扣"与应对》，《人民论坛·学术前沿》2023年第24期。

家的传播带来阻碍，也会影响其在世界其他地区的传播。除了在美国、英国等欧美国家，以所谓的"自由""民主"为代表的西方文化和价值观在全球范围内都有着较大的影响力。有研究表明，由西方世界主导下的文化全球化，使更多的东方人也开始持有崇尚个人主义等西方价值观念。相似的情况也出现在非洲等欠发达国家，"非洲人已经被西方文化'洗脑'，本地文化被忽视，日益被边缘化，对包括中国文化在内的世界其他文化则知之甚少"①。这意味着中国式现代化在国际范围内的广泛传播，必须突破西方文化对其造成的阻碍和误读，实现中华现代文明的突围。

三、中国式现代化国际传播存在的不足

国际受众眼中的中国式现代化形象之所以同中国式现代化实践存在较大差距，除了在形象传播过程中面临外部的压力与挑战外，同中国在国际传播建设上存在一些短板也有着密切关联。总体上看，制约让世界读懂中国式现代化的内在原因主要包括以下几个方面：其一，媒体力量有待加强。尽管近年来我国在国际媒体建设方面取得重要进展，但媒体内部结构、力量分布及工作形式仍有待于优化调整。其二，话语体系仍待健全。话语内容供给不足、缺乏理论支撑及"说服"色彩过浓是降低中国式现代化国际认同的重要因由。其三，传播策略相对单一。议题设置缺乏灵活性，传播精准度不够及传播主体协作性不强是影响中国式现代化传播效率的关键因素。其四，相关人才供给存在较大短板，特别是缺乏具有高水平国际传播能力的复合型人才是导致中国式现代化国际传播实力不强的又一重要因素。

---

① 吴传华、郭佳、李玉洁：《中非人文交流与合作》，中国社会科学出版社2018年版，第33页。

（一）媒体力量有待加强

媒体是让世界读懂中国式现代化工作体系的核心构成要素之一。如果我们将中国式现代化国际传播比喻成一次长途旅行，媒体则相当于充当运输工具的角色，其质量水平显然会对工作效率产生重要影响。新时代以来，在党中央的高度重视下，我国媒体着重加强数字化发展、深度融合及主动出海等工作，媒体的国际传播能力显著提升，这是我们做好让世界读懂中国式现代化事业的底气和基础。然而同发达国家相比，我国媒体建设仍存在一些明显不足。据统计，在80个世界级的传媒集团中，中国仅有3个；华人约占全球人口的1/5，但全球信息量只有4%来自华文媒体；互联网上90%以上的内容都采用英语。[①]特别是在当前媒体发展日新月异，国际传播竞争愈发激烈的形势下，我国媒体在分工布局、体制机制等方面存在的短板进一步被凸显出来。

首先，国际传播媒体以官方媒体居多，民间媒体仍有待发展。从全球范围看，政府主导下的主流媒体是各国开展国际传播工作的重要渠道。这一点在中国表现得尤为突出。在国际传播中，官方媒体在掌握政务信息、获得资金支持及整合各类资源等方面具有多重优势，但在国际传播这个更加强调客观与互动的舆论场中，官方媒体也存在明显弱势，且容易被西方国家打上"政府行为""政治宣传"的标签，遭到外国民众的轻视和排斥。"西方国家受众的特点主要是对政府有种天生的质疑，对于民间的声音则比较认可。西方媒体在援引新华社或者《人民日报》的报道时，总是要指出这是官方媒体，那么西方受众对这些信息的信任会大打折扣。"[②]如2011年经过细心挑选、精心打造，意图向世界展现中国人勤劳、勇敢和智慧形象的《中国国家形象片·人物

---

① 单波、刘欣雅主编：《国家形象与跨文化传播》，社会科学文献出版社2017年版，第88页。

② 刘娜：《国际传播中的民间力量及其培育》，《新闻界》2011年第6期。

篇》在美国多家主流媒体和纽约时代广场播出，然而效果却并不理想，CNN（美国有线电视新闻网）称该片令美国人对中国人产生"更多的是恐惧，而不是友谊"，BBC—GlobeScan（英国广播公司全球扫描）调查结果显示，形象片播出之后对中国持好感的美国人上升了7%，同时对中国持负面态度的却也上升了10%。[1] 2016年中国传媒大学国家传播创新研究中心在对14家中央级新闻网站的海外网络传播力进行调查评估后，也认为存在"海外网络传播力水平不均衡，海外受关注度低，媒介文化交流的互动性低"等问题。[2] 反观以李子柒的爆火、《原神》出海为代表，网剧、短视频、电子游戏等非官方媒体正成为向世界展现中国正面形象的重要渠道。以手机游戏《原神》为例，2021年《原神》在海外 AppStore 和 Google Play 的总收入达18亿美元，是最受海外市场欢迎的中国游戏之一，而其中蕴含的中国元素，也使国际社会对中国文化产生了浓厚兴趣。[3] 然而从整体上看，在我国民间媒体中，在国际上具有较大影响力的仍十分有限。特别是同发达国家相比，这些民间媒体在数量与规模上更显弱小。

其次，从全球范围看，媒体力量分布不均衡，部分地区存在供给不足的问题。近年来，在党和国家的大力支持下，我国国际传播格局日趋完善，个别大型媒体已经将信息供给链延伸到世界各地。然而由于受市场空间小、人手不足及欧美国家监管政策收紧等因素的影响，个别地区中国媒体的力量仍十分有限。如网络视听平台是当前中国向世界展现中国式现代化实践的主要媒体渠道之一，但据国家广播电视总局

---

[1] 余江、李文健：《新作为、新论断与新路径：新时代加强国际传播能力建设的再思考》，《求是学刊》2021年第6期。
[2] 胡正荣等主编：《中国国际传播发展报告（2016）》，社会科学文献出版社2016年版，第111—112页。
[3] 胡钰、朱戈奇：《网络游戏与中华优秀传统文化的当代传播》，《南京社会科学》2022年第7期。

发展研究中心统计，目前出海平台仍局限在区域市场或华人市场，尚未进入发达国家主流市场，快手Kwai主要市场在拉美、中东和东南亚，爱奇艺、腾讯视频WeTV、未来电视等平台主要集中在东南亚市场；四达平台则集中在非洲地区；华视网聚平台则面向海外华人市场。① 又如在非洲一些相对落后的地区，如中非和西非地区，中国媒体的传播力量相对较弱，其中"尼日利亚作为西非最大的国家，目前很难听到中国的声音"②。这也在一定程度上导致西方媒体在非洲牢牢占据传播主导地位，根据2021年Brand Africa推出的"非洲最受欢迎的100个品牌榜"中，前五名中包括英国广播公司（BBC）、美国有线电视新闻网（CNN）和美国流媒体播放平台奈飞（Netflix）三家西方媒体。③ 这些媒体在非洲竭力制造"中国威胁论""中国掠夺论""中国不负责论"等负面舆论，严重阻碍了中国式现代化在欠发达地区的正常传播。

最后，国际传播媒体在形式上仍有待丰富。尽管近几年由中国媒体领导编制的，以中国式现代化为主题的纪录片、短视频及电影在国际传播平台上的播放量显著增加，但以新闻报道为代表的传统方式仍是我国媒体在国际传播中使用的主要工作形式。以视听新媒体为例，目前，美国视听新媒体平台在国际市场拥有绝对优势，用户数、付费会员数等规模较大，相比之下，我国视听新媒体国际市场份额和出口规模较低、内容海外版权价格偏低、视听平台全球辐射弱，国际竞争力有待进一步提高。④ 发达国家的现代国际传播体系是由一批具有强

---

① 杨明品、周述雅：《网络视听海外平台建设的基本情况及对策建议》，《中国广播电视学刊》2023年第4期。
② 马龙、李轶伦、陈奕博：《中国式现代化国际传播的机遇挑战及推进策略》，《管理学刊》2023年第6期。
③ 李晔：《非洲：从传播"洼地"到新的国际传播增长点——关于总台对非传播的一些思考》，《国际传播》2022年第3期。
④ 周继红：《视听新媒体国际传播的发展态势、问题与建议》，《中国广播电视学刊》2023年第6期。

大国际影响力的媒体、企业与高校等传播平台有机构成的。这些传播平台高度重视综合使用本土与海外、行政与市场、技术与文化等各种手段，打造立体式的国际传播网络。以CNN（美国有线电视新闻网）为例，该网站早在20世纪90年代就确立了"三点多面"的立体架构，即通过全面铺设传播网，实施科技先导、跨平台销售等战略，有效提升媒体的国际竞争力。[1] 反观多数中国媒体的国际化布局和体系化建构则相对滞后。据中国外文局发布的《中国国家形象全球调查报告（2019）》反映，海外受访者主要通过"本国的传统媒体"和"使用中国产品"了解中国，而通过中国在本国推出的传统媒体、新媒体渠道了解中国的仅占17%和15%。这也是习近平总书记专门强调"建成几家拥有强大实力和传播力、公信力、影响力的新型媒体集团，形成立体多样、融合发展的现代传播体系"的重要原因。[2]

（二）话语体系仍待健全

新时代以来，以习近平同志为核心的党中央在领导加强国际传播工作的过程中，格外重视话语建设问题。近几年来，我国国际传播话语体系建设取得显著成就，话语风格、内容与结构均有所改善，在中国式现代化话语建设方面也投入了前所未有的精力。然而从整体上看，中国式现代化话语体系建设同其实践成效与应达到的目标相比，仍存在一定差距。有学者形象地指出："中国崛起是21世纪最为重大的世界历史事件。然而，中国的发展优势并没有转化为话语优势，中国俨然是一个行动的'巨人'、语言的'矮子'，中国奇迹与话语贫困的悖反构成了一道匪夷所思的奇特景观。"[3] 从总体上看，当前中国式现代化国

---

[1] 栾轶玫：《国际传播平台的新媒体转移——国外媒介机构利用新媒体进行国际传播的案例研究》，《新闻与写作》2012年第7期。
[2] 《共同为改革想招一起为改革发力 群策群力把各项改革工作抓到位》，《人民日报》2014年8月19日。
[3] 陈曙光、周梅玲：《论中国道路的话语体系建构》，《思想理论教育》2016年第1期。

际传播话语体系建设仍存在以下几方面不足。

首先，话语内容供给不足，不足以向世界呈现全面立体的中国式现代化形象。内容是中国式现代化话语的主要构成，其质量将在很大程度上影响国际社会对中国式现代化的了解程度。内容上清晰丰满，呈现给国际社会的中国式现代化形象便明确丰富，反之则模糊片面。进入新时代以来，中国式现代化建设取得的巨大成就，吸引了国际社会对中国发展的持续热烈关注，这也推动了党和国家更加积极主动地对外宣传中国式现代化，但由于中国式现代化牵涉面格外广博，又处在快速发展阶段，面向国际社会的话语供给，在内容方面仍存在较大改进空间。中国式现代化对外话语体系在内容构建上偏重于整体概述，相对缺乏具有深度与特色的典型案例宣介。具体表现在着重对外介绍中国式现代化的内涵、历程与特色，而却少见对于个别领域、有代表性区域或典型群体、人物的深入诠释。缺乏典型报道使得中国式现代化很难给国际社会留下深刻印象。反观西方媒介则很善于抓住中国式现代化的某一方面进行深度报道。以日本最大的电视机构 NHK 制作的涉华纪录片为例，从 1972 年至 2012 年 NHK 共播出 1755 部（集）涉华纪录片，其中有 678 部（集）以改革开放以来中国的经济、政治与社会发展为主题，占全部纪录片的 39%。[1] 尽管在这些纪录片中不乏对中国式现代化的褒扬，但根本目的是借中国实践，基于日本的价值尺度和标准，实现对自身文化价值、历史认识和现实利益的"映射"。特别是在中日关系紧张时，这些纪录片会突出"中国威胁论"等错误观点，使日本民众乃至整个国际社会对中国式现代化产生负面印象。

其次，话语缺乏理论支撑，难以获得国际社会对中国式现代化的认同。发生在世界各地的现代化实践在表象上存在很大不同，但又内

---

[1] 徐晓波、黄倩：《论 NHK 涉华纪录片的题材选择与价值倾向》，《新闻记者》2015 年第 8 期。

化着具有一定普遍性的规律。这种规律对于各国，尤其是后发国家进行现代化建设具有宝贵启鉴意义，是增强现代化国际传播力的核心内容，而现代化理论就是围绕这些规律进行学术化阐释的独特话语表现形式。改革开放以来，中国式现代化问题引起国内理论界的持续关注，取得了一系列重要理论成果，但从整体上看，这些成果的质量还有待进一步加强。正如2016年习近平总书记在哲学社会科学工作座谈会上所指出的："我国是哲学社会科学大国，研究队伍、论文数量、政府投入等在世界上都是排在前面的，但目前在学术命题、学术思想、学术观点、学术标准、学术话语上的能力和水平同我国综合国力和国际地位还不太相称。"[①] 以改革开放以来中国创造的经济奇迹为例，这是中国在现代化进程中创造的一个世所公认的壮举，然而40多年来中国理论界却仍无法对其进行科学规范的论证，这又进一步导致相当一部分关于社会主义市场经济的定义权仍掌握在西方理论界手中。之所以出现上述被动局面是因为，一方面，多数作品仍停留在对文本的分析，同质化、重复性研究过多；另一方面，中国学术界仍习惯于用西方的视角、方法与概念解释中国实践，在话语、理论上缺乏独创性。这也大大减损了中国式现代化的阐释力。

最后，话语"说服"色彩略显浓厚，无法引起国际社会对中国式现代化的共鸣。在当前的中国式现代化话语体系建构中，在内容上注重展现取得的成就，而回避存在的问题。一旦遇到西方媒体对中国式现代化的歪曲与抹黑，就习惯性地组织媒体予以强烈回击。这些举措的出发点是好的，但却容易忽视国际受众的感受，给受众带来压力，以至于产生负面的宣传效果。这在很大程度上是由于我国在向国际社会讲述中国式现代化时，采取了外宣的方法与思路，未能正确区分对

[①] 习近平：《在哲学社会科学工作座谈会上的讲话》，《人民日报》2016年5月19日。

外文化传播与对外宣传的界限。这使得自然的文化交流显得过于正式和"高大上",导致西方国家将我们的对外文化传播视为"外宣"策略。英国《金融时报》认为,中国政府尽管花了很多钱,但是其软实力的成效并不大,并评论说:"大家都十分清楚他们(北京)的目的,结果是更多而不是更少的怀疑。"[①]

(三)传播策略相对单一

国际传播策略主要指在实际传播过程中使用的方式方法,同传播内容、传播技术等国际传播的构成要素相比,传播策略具有更大的灵活性。以现代化国际传播为例,个别国家在缺乏现代化建设案例、不具备丰富传播资源的情况下,一样可以讲述令人印象深刻的现代化故事,反之个别国家尽管拥有成功的现代化实践,但其国际影响却十分有限。造成上述现象的原因,在一定程度上是由传播策略的运用水平所决定的。党的十八大以来,在习近平总书记对加强国际传播工作作出的要求和指示中,多次谈到传播策略问题。如2016年2月,他在党的新闻舆论工作座谈会上指出:"要推动融合发展,主动借助新媒体传播优势。要抓住时机、把握节奏、讲究策略,从时度效着力,体现时度效要求。要加强国际传播能力建设,增强国际话语权,集中讲好中国故事,同时优化战略布局,着力打造具有较强国际影响的外宣旗舰媒体。"[②] 2021年5月,习近平总书记又在中共中央政治局就加强我国国际传播能力建设进行第三十次集体学习时指出:"要讲究舆论斗争的策略和艺术,提升重大问题对外发声能力。"[③] 而习近平总书记之所以反复

[①] 刘瑞生、王井:《"讲好中国故事"的国家叙事范式和语境》,《甘肃社会科学》2019年第2期。
[②] 《习近平在党的新闻舆论工作座谈会上强调 坚持正确方向创新方法手段 提高新闻舆论传播力引导力 刘云山出席》,《人民日报》2016年2月20日。
[③] 《习近平在中共中央政治局第三十次集体学习时强调 加强和改进国际传播工作 展示真实立体全面的中国》,《人民日报》2021年6月2日。

强调这一问题，同我国国际传播策略仍待完善不无关系。

首先，在议题设置上缺乏灵活性。议题设置也称议程设置，20世纪70年代，麦库姆斯和肖合作发表《大众传播媒介的议程设置功能》一文，标志着议程设置理论的正式形成。所谓议题设置，主要指传播主体通过采取适当措施使传播者关注或重视的话题获得优先关切的一系列实践活动。在国际传播中，议题设置的能力将在很大程度上影响整个工作的主动权。我国在中国式现代化国际传播的议题设定中，在类型上强调宣传成就经验与正面典型，在内容上集中于经济政治方面。这表明我国在国际传播议题管理上，延续了对内传播的"说服"理念，表现出较强的"选择性"。这不仅难以使国际社会产生共鸣，还会使其对相关传播内容失去兴趣，甚至产生怀疑。"如果过于以自我为中心，忽略他者的实际感受，则可能失去理解与共情的前提，多使'言说'无效。"[1] 特别是当欧美国家故意借中国发展中存在的问题或政策上的失误展开大肆攻评时，在议题设置中规避问题的习惯性做法，将使国家在国际传播中陷于无力的被动局面。

其次，在传播路径上缺乏精准性。所谓精准传播，指在适当的时间和空间，传播媒介在精准定位的基础上，依托现代信息技术手段，用最佳的传播渠道，有的放矢地为受众提供需要的信息和个性化的传播服务。它本质上是一种以受众为中心、注重传播质量的深度传播，其内核包括内容精准生产、产品精准投放和效果精准反馈。[2] 在国际传播中运用精准传播策略，至少包括三方面内容。一是对传播对象的分析，主要指运用大数据技术对受众进行画像、场景细分与消费预测。这也是实现精准传播的基础和前提。然而我国目前无论是全球性

---

[1] 白贵、邸敬存：《国际战略传播：如何超越"地方性"话语局限》，《现代传播（中国传媒大学学报）》2022年第11期。

[2] 周方银：《新形势下对东南亚精准传播策略研究》，《对外传播》2022年第7期。

还是区域性用户数据库建设方面都尚处起步阶段，想通过技术共享或资本层面合作的方式，获得外国媒体的核心社交数据又非常困难。特别是在各国普遍高度重视数据保护、西方国家联手打压中国国际传播能力建设的情况下，国内媒体搜集分析海外用户数据的难度正在加大。二是根据受众特点，生产差异化的信息产品。由于教育系统有待完善、传播资源较为有限、缺乏同在地媒体的有效沟通合作等原因，多数中国媒体缺乏对受众语言、文化、历史、民族、宗教等方面的深入理解，使得有关中国式现代化的国际传播产品，不能满足用户的多样化需求。三是通过算法推荐技术对受众精准推送信息产品，并依据数据收集与整理更新对传播对象的分析，使整个过程成为一个持续训练的有机过程。在当前多数海外社交平台的技术权力仍然掌握在美西方国家公司的手中时，我国在国际传播实践层面上的"找人""信息找人"仍缺乏技术支持。[1]上述原因的存在，严重弱化了我国媒体在国际社会的影响力。中国在世界一些地区推出的传统媒体与新媒体，鲜有人问津，甚至很多人表示不接触中国媒体的首要原因是"不知道应该看什么中国媒体"和中国媒体"话语表达方式不地道，看不明白"。上海外国语大学课题组也在调查中发现，超过70%的外国民众了解中国的官方渠道是上汉语课，这也间接反映了主流媒体在传播上严重缺乏精准度的问题。[2]

最后，在传播主体间缺乏互动性。在国际传播这样一个由多主体参与的复杂传播系统中，主体的整体结构及内在关系将对传播效率造成直接影响。近些年来，党和国家高度重视通过深化机构改革，加强线上线下联动，强调集体发声等方式对传播主体间的关系进行调整，

---

[1] 崔灿、钟新：《精准国际传播的内涵与实践策略》，《对外传播》2022年第7期。
[2] 刘瑞生、王井：《"讲好中国故事"的国家叙事范式和语境》，《甘肃社会科学》2019年第2期。

但在一些方面仍存在一些不足。其一，主流媒体在对外传播中国式现代化国际传播的内容方面存在较严重的雷同问题。各传播主体在向国际社会解读中国式现代化时，在视角、观点，甚至是案例上均存在较大的重复性，缺乏结构性、深层次的解读，这表明传播主体在分工上不够明确，在实践中缺乏特色。这不仅会造成国际传播资源的浪费，也会给受众造成刻板的负面印象。其二，官方媒体和民间媒体间的交流合作有待进一步加强。我国官方媒体和民间媒体在信息获取、资金支持及技术研发等方面各具优势，但整体上看，在复杂的国际舆论斗争形势下，二者在有关中国式现代化国际传播重大议题的发声时间、呈现方式及观点内容上仍需优化，以增强传播效果。其三，国内媒体与国际媒体间的互动联络有待进一步完善。"他者"对于中国式现代化的言说，在国际舆论中时常显得比国内媒体的阐释更加生动可信。新时代以来，中国媒体在向世界讲述中国式现代化时明显加强了同他国媒体的交流合作，但在合作的深度方面仍存在改进的地方。如一些国际媒体仅是在中国媒体的委托之下，对我国的中国式现代化理念进行重复和转述，起不到较好的传播效果。除此之外，国内外媒体在技术、人文层面的互动交流也存在较大改进空间。

（四）人才结构需要优化

建成一支宏大的高素质国际传播人才队伍是向世界准确广泛呈现中国式现代化的前提和基础。国际传播人才有狭义和广义之分，前者是指国际传播实践领域从事对内传播事业和对外传播中国的实践者，其主体是从事国际新闻和对外新闻报道的采、写、编、评、译、播等工作的记者和编辑等；后者则包括国际传播的管理者、实践者、研究者、教学者在内。[1] 中国共产党历来高度重视对外传播人才队伍建设

---

[1] 张毓强、尚京华、唐艾华：《中国国际传播人才培养的历史沿革》，《当代传播》2010年第4期。

问题,早在革命战争时期党便通过尊重优待知识分子等方式,吸引大批具有国际传播能力的人才来到解放区,为向国际社会宣传中国革命作出了重大贡献。新中国成立后,党和国家逐步建立起系统的国际传播人才培养体系,经过几十年的发展,我国国际传播人才队伍在数量与质量上均得到明显提升。以人民日报社为例,截至2022年5月,该社与80多个国家的主流媒体建立了内容合作关系,在国外设立了39个分社。此外像新华社、中央电视台、中国国际广播电台及多家民营媒体也专门成立了海外传播机构。这是我国国际传播人才队伍持续发展的重要表现。然而在国际竞争日趋激烈、国际环境复杂多变、受众要求日益多元的情况下,我国国际传播队伍建设也存在着一些突出问题。

首先,外语教学资源主要集中在英语上,非通用语人才缺口严重。语言翻译是决定中国式现代化国际传播质量的重要条件之一,而翻译的效果水平又在很大程度上取决于语言人才队伍的规模与质量。国家的外语人才培养体系布局对人才结构具有直接影响。当前,我国外语人才培养体系的主要资源仍集中在英语方面,英语专业教育在外语专业教育中的比重高达95%以上,而开设非通用语种的对象国也主要集中在欧洲地区。[①]这直接导致我国非通用语人才在数量上远远小于英语人才。如"一带一路"沿线国家是我国开展对外传播工作的重点区域,有学者经统计发现,"约67%的'一带一路'非通用语语种处于人才供不应求的状况"[②]。

其次,我国国际传播专业人才培养仍处于起步阶段,相关人才

[①] 沈骑:《"一带一路"倡议下国家外语能力建设的战略转型》,《云南师范大学学报(哲学社会科学版)》2015年第5期。
[②] 王辉、夏金玲:《高校"一带一路"非通用语人才培养与市场需求调查研究》,《外语电化教学》2019年第1期。

存在较大缺口。国际传播作为一项系统性工作，涉及语言翻译、媒体建设、受众分析、话语创新等多个方面，而且随着这项工作的快速发展，其工作系统将愈加庞大复杂。为了加强对这些来自不同领域、专业的人才进行统筹管理，同时更好研判国际传播工作的发展形势，把握发展规律，作出战略规划，有必要加强国际传播专业人才的培养。然而受制于师资队伍薄弱、缺乏人才规划等多方面原因，我国目前开设国际传播相关专业的高校仍较少。以建有85所高校的黑龙江省为例，其中开设新闻传播学科相关本科专业的高校共有20余所，专业涵盖了新闻学、传播学、广播电视新闻学、编辑出版学、广告学、网络新媒体等，但没有高校开设国际传播、国际新闻等相关的本科专业。只有黑龙江大学新闻传播学院于2019年开设了"国际新闻"双专业实验班，俄语学院于2022年开设了"俄语+新闻"实验班。有3所高校开设新闻传播学科研究生教育，只有黑龙江大学新闻传播学院在其一级学科下设立了国际传播方向。[1]这在一定程度上反映出我国教育体系在支撑中国式现代化国际传播发展方面的力量仍十分有限。

再次，具有高水平国际传播能力的复合型人才仍较为匮乏。高水平国际传播人才不仅要掌握较高的外语水平，还要在人文知识、学术研究等方面具有一定的造诣。美国之所以能够在国际传播格局中占据主导地位，除了依靠先进的传播技术、领先的经济实力与强大的学术研究能力，同他们拥有一大批具有顶尖复合型国际传播人才也密不可分。以美国的中共党史研究领域为例，在该领域美国拥有着一大批通晓中国文化、语言的顶尖史学研究者。如哈佛大学中国学研究的领军人物本杰明·史华慈掌握了英语、希伯来语、汉语等12种语言，哈佛

---

[1] 吴珩、徐中民：《地方高校国际传播专业建设与人才培养》，《青年记者》2023年第12期。

大学费正清东亚研究中心前主任傅高义也精通汉语和日语。语言优势不仅为他们研究中国提供了便利，更为他们向中国讲述美国版的"中国故事"创造了得天独厚的条件。2014年9月在中国人民大学召开的第四届世界汉学大会上，傅高义登上讲台后，"几乎脱却讲稿，用流利的中文侃侃而谈，言辞谦虚，暗藏机锋，既表达了对中国发展的祝福，也从学者的角度提出了希望"，让人感到"哪里像一个美国人，分明就是一个深谙东方文化精髓的'中国通'，他对中国人的思维方式，对中国的风俗人情，都显得颇有领会"。[1] 傅高义撰写的《邓小平时代》在中国一经发行，便受到市场热捧，仅几个月实际销售便达到了50万册。反观我国由于在语言类人才培养上过于强调专业化，培养模式较为单一；在人文学科人才的成长过程中也在不同程度上存在着缺乏国际视野等问题，同时缺乏引导非新闻、语言类人才参与国际传播工作的奖励机制。这导致虽然我国人才基数较大，但其中能够在世界上产生重大影响的国际传播复合型人才却十分有限。

最后，缺乏精通前沿传播技术的专门人才。近年来，科学技术在提升国际传播效能方面发挥的作用日益显著。特别是快速发展的人工智能技术已成为提升国家传播实力的首要推动力。习近平总书记曾在2018年中共中央政治局第九次集体学习中强调："人工智能是新一轮科技革命和产业变革的重要驱动力量，加快发展新一代人工智能是事关我国能否抓住新一轮科技革命和产业变革机遇的战略问题。"[2] 然而我国在人工智能技术方面同西方发达国家还存在一些差距，具体到新闻传播人才方面，也存在着缺乏教学组织方式与智能媒体的深度融合、缺

---

[1] 张健等：《他从七十高龄开始研究中国，花掉了十余年时间走近这个国家》，《人民日报》2014年11月27日。
[2] 《习近平在中共中央政治局第九次集体学习时强调　加强领导做好规划明确任务夯实基础　推动我国新一代人工智能健康发展》，《人民日报》2018年11月1日。

乏以智能媒体为核心的试验设施及缺乏教学资源上的社会协同机制等问题。[①] 如何有效解决上述问题，是补齐中国式现代化国际传播短板，大幅推进让世界读懂中国式现代化事业的重要内容。

---

① 李明德、王含阳、张敏、杨琳：《智媒时代新闻传播人才能力培养的目标、困境与出路》，《西安交通大学学报（社会科学版）》2020年第2期。

第三章
让世界读懂中国式现代化的目标原则

　　清晰的目标指引着让世界读懂中国式现代化事业的发展方向。中国式现代化始终在不断发展前进，世界对中国式现代化的理解也是一个逐渐深入的过程。不断增进中国式现代化的国际知晓度，不断提升对中国式现代化的国际理解度，不断增强对中国式现代化的国际认可度，既层层递进又各自具有其独立性的目标价值。重要原则的树立与否，关乎让世界读懂中国式现代化事业能否在有效的实践轨道上前行。中国式现代化在向世界主动展示自身的理论与实践发展过程中，要遵循客观性原则，实事求是地展现自身建设的真实情况；遵循和而不同的原则，充分尊重不同国家的发展道路；遵循实效性原则，树立效果意识，注重传播效果。具体到要求层面，则要在国际传播部署上坚持系统谋划，在形象塑造上增强自塑主动权，在国际传播内容上突出中国特色，在国际传播方式上善用中国优势。

一、让世界读懂中国式现代化的主要目标

　　世界对中国式现代化的理解处于持续性的变化过程中，是一个系统的、长期的过程，也是一个不断探索的过程。以往国际社会对中国式现代化的刻板印象及其片面性认识，都是可以被打破的困境。这可以通过增进中国式现代化的国际知晓度、提升中国式现代化的国际理解度再到增强中国式现代化国际认可度循序渐进的过程来实现。

（一）增进中国式现代化的国际知晓度

国际社会对中国式现代化的理解与认同建立在知晓的前提之上。知晓度越高，发出中国声音的方式越多样，国际受众接收到的信息就越丰富，增进国际社会对中国式现代化认知的可能性就越大。"国际社会对于中国式现代化的评价是建立在他们对中国式现代化的了解和认识基础之上的。其对中国式现代化的客观现实情况认知越清楚，对中国式现代化的评价也就越接近客观现实；相反，对中国式现代化越是缺乏了解，得出的结论越是偏离事实。"[1] 有学者根据2021年中国国家形象全球调查报告也得出了相似的结论，即国际民众的中国知晓度与好感度呈正相关。数据显示，对中国了解程度高或来过中国的受访者，对中国整体形象的打分高于海外总体打分值1分。同2020年相比，了解中国的民众对中国国内治理表现的评价相应较好，打分提升幅度（增长0.5分）高于海外总体的提升幅度（增长0.3分）。此外，对中国比较了解的受访者对中国国民也有较高的认可度，76%的人认为中国人"勤劳敬业"。[2] 可见，增进知晓度对提升中国式现代化国际传播效果、塑造良好中国形象具有重要作用。

当下，国际社会对中国式现代化已经具有了一定的知晓度，但仍有待提升。一方面，党的二十大以来中国式现代化已成为国际社会认识中国的关键词、高频词，南非约翰内斯堡大学非洲—中国研究中心主任戴维·蒙亚埃就认为，中国的发展经验对世界特别是新兴市场国家和发展中国家持续产生深远影响。《中国话语海外知晓度调研报告》显示，中国道路、中国方案日益为世界民众熟知。党的十八大以

---

[1] 王峰：《国际社会对中国式现代化世界意义的认知与评价》，《华东理工大学学报（社会科学版）》2023年第6期。
[2] 当代中国与世界研究院课题组：《展示丰富多彩、生动立体的中国形象——基于中国国家形象全球调查（2021）的思考》，《对外传播》2023年第12期。

来产生的政治话语如"中国梦""一带一路""命运共同体""中国道路""十三五",以及"反腐""反贪"等词汇强势上榜,这说明随着中国日益走近世界舞台中央,国际社会对中国的认知需求越来越强烈,中国道路和中国方案正得到越来越多的理解和认同。[1]另一方面,在国际社会对中国的认知中,当代文化符号仍普遍落后于传统文化符号,中国现代和当代文化符号的知晓度偏低,这与中国式现代化的总体特征和显著成效是不相符的。鉴于此,我们应当努力进行符号系统的拓展与更新,在传统元素的基础上融入更多现代化、国际化的元素,形成既有历史传承,又具有现代感的中国文化符号系统。[2]此外,2021年中国国家形象全球调查数据显示,国际受访者对中国的一些做法不是不认可,而是不知情、不了解。[3]英国前首相希思强调,"中国有很多想法是很好的,问题是如何让别人听到她的声音"[4]。德国统一社会党前总书记埃贡·克伦茨也曾表示,"每次从中国回来,我都更加清楚地意识到,德国人对中国了解得太少了,之前看到的很多信息都是片面的、错误的。如果想真正了解什么是社会主义,那么中国共产党的经验是绝对不能被忽视的"[5]。中国式现代化的国际传播面向世界范围的普遍公众,首先要解决他们对中国信息的需求问题,如果无法在日常生活中以较为便捷、直接的方式接收到中国式现代化的相关信息,而多以间接、二手的方式,就难免会存在信息折扣。从现有格局来看,在全世界信息供应的占比中,发达国家占据着绝对优势和主导地位,例如具

---

[1] 《中国话语海外认知度调研报告首次发布 汉语词汇获世界更高认知》,新华社2018年2月18日,https://www.gov.cn/xinwen/2018-02/18/content_5267577.htm.
[2] 程曼丽:《中国式现代化背景下的国际传播战略构想》,《电视研究》2023年第3期。
[3] 当代中国与世界研究院课题组:《展示丰富多彩、生动立体的中国形象——基于中国国家形象全球调查(2021)的思考》,《对外传播》2023年第12期。
[4] 刘洪潮、蔡光荣:《外国要人名人看中国》,中共中央党校出版社1993年版,第188页。
[5] 《让民众对国家更有信心——外国学者眼中的"全面从严治党"》,《人民日报》2016年12月15日。

有世界性影响力的媒体多是由发达国家占据着。由此可见，进一步拓展中国面向世界的信息传播渠道，让中国式现代化的理论与实践得到正确的解读和宣扬，必须进一步认识到提高国际社会对中国式现代化熟知程度的紧迫性和重要性。

将中国式现代化更好地传播给世界，就需要将信息保质保量地传播出去，把第一手信息源源不断地注入国际信息库，用真实故事占据舆论空间，让国际传播受众获悉到所传播的正确信息，这是最基础的传播目标。要丰富中国式现代化国际传播的素材供给，支持国际传播外文产品生产和品牌建设，增加外文产品的供给，生产更多面向海外受众的中国式现代化知识产品。同时借助多样化传播媒介，采用有效的传播形式，不断提高书籍、报纸、杂志等的发行量、订阅率、市场占有率，广播、电视等的收听率、收视率，网络媒体的关注率、点击率、阅读率等，在量的层面充分展现中国式现代化国际传播的效果。再者，还要针对不同地区、不同国家受众的文化和习惯，开展让人听得懂、听得进、传得开的对外传播工作。把我们想讲的和国外受众想听的结合起来，把"自己讲"和"别人讲"结合起来，使中国故事更加为国际社会和海外受众所认同。要用好各方面资源和力量开展国际传播，让更多国外人士、国际主流媒体等加入到讲好中国故事中来，用多种渠道宣介中国主张、中国智慧、中国方案，增强国际传播的亲和力和实效性，中央和地方媒体一体构成多层面、多视域、多频段共同推进中国式现代化故事传播。采用贴近不同区域、不同国家、不同群体受众的精准传播方式，推进中国故事和中国声音的全球化表达、区域化表达、分众化表达，以使中国式现代化的理论与实践真正为国外民众所熟知。

（二）提升中国式现代化的国际理解度

真正让世界读懂中国式现代化，仅停留在认识层面还不够，有必要进一步上升到认知与理解的程度。这就需要对中国式现代化的相关理论与实际做法有一定的了解。不仅做到"知其然",也能够"知其所以然"。增进国际受众对中国式现代化的理解度,需要着重做好两方面工作,一是从理论和实践层面向国际社会供给各类有关中国式现代化的信息产品,二是深化对国际受众的认识与了解,这样才能使中国式现代化国际传播工作做到有的放矢。在具体实践中,这方面工作有机统一于让世界读懂中国式现代化实践之中。因此,读懂世界与让世界读懂中国式现代化实际上也是一个相互推进的过程。中国在深度融入全球化的进程中,也深度参与国际社会的各种事务中,与其他国家在政治、经济、文化、外交等各方面的交往与联系都更加频繁、更加密切,这个过程就会涉及如何与其他国家及其公众深化交流。其中各国在权力关系、文化、制度等方面存在的差异,也会影响世界各国公众能否在知晓中国式现代化的同时,还能真正理解它的理论意蕴、实际做法。

对中国式现代化的理解程度,在很大程度上与理解中国式现代化的主体情况有很大关系。这就要立足于让国际公众对中国产生兴趣并予以关注,为此就要探究对方的需求和接受程度,采取更有针对性、贴近性的传播方法。国际传播的实际效果取决于主体宣介与客体需求的交集,交集越大,传播效果越好;交集越小,传播效果越差。如果理解中国式现代化的主体是国家,那么该国对中国式现代化的理解就与该国同中国的经济、政治、文化、社会等各方面的关系有密切联系。"合作性权力关系能够带来更为自信的自塑形象,有助于形象主客体双方产生一种共同利益与合作性认同,获得盟友或伙伴的彼此身份定位与认知,甚至获得一种'我们'的集体认同,尤其是在面临第三方威胁或挑战的时候。彼此之间的相互认同使得他们能够正向看待对方。"[①]

[①] 叶淑兰:《权力·文化·心理——国家自塑与他塑形象鸿沟的生成动力》,《探索与争鸣》2023年第8期。

一般认为，在政治关系上越友好、文化交流更深入、经贸往来更和谐、社会交往更活跃的国家，对中国式现代化的理解度有可能就会越高，反之则越低。另外，处于不同发展阶段和经济水平的国家对中国式现代化发展信息的需求有很大的不同，理解中国的愿望也不同。同样是发展中国家，中国式现代化的理念与实践对他们就更有吸引力，他们也会更积极主动地去理解中国式现代化的科学性与合理性。国际社会的共有利益与文化为国家主客体间形象的对话与交流提供了可能，不论是何种民族国家文化，其最深层的发展动力都在于满足国家安全感与被尊重的需求，国际社会的共有利益追求同时也塑造着国家主客体间形象互动的方式，并影响其走向。因此，找准世界各国与中国发展的共同利益，把共同利益的"蛋糕"做大、做强、做实，让世界各国从中国式现代化的实践中共同获利，才能够让国际社会看到中国式现代化带来的多种机遇，从而在与中国交流沟通的基础上更好地理解中国。如果理解中国式现代化的主体是个体，那么与个体对象的国别、宗教信仰、政治党派、年龄、职业身份、教育经历、文化程度、收入等因素会有很大相关性，个体对中国的了解程度会影响他们对中国式现代化的理解和认可。随着国与国之间的交流更加密切，不同国别的人民之间的互通往来也更加频繁，很多来到中国学习、工作、旅游的外国人，他们通过对中国的切实观察和感知，更能真实地感受到中国的发展进步与中国的友好，他们对中国的认知更立体、更客观。民间文化交流丰富多样，涉及大众日常生活的方方面面。在信息时代和全球化时代，文化传播的方式日新月异且覆盖面广，各种民间文化机构、企业、个人广泛参与其中，为讲好中国式现代化的故事创造了更多便利条件。作为中国式现代化成就的体验者和亲历者，他们具有讲好中国式现代化故事的先天优势，我们要积极鼓励他们以民间喜闻乐见的方式，向外界展现他们眼中的中国，展现中国式现代化的文化底蕴和现实基础。除此之外，还要通过对国际社会已有的对中国式现代化的认知与理解情况进行调研，以真正了解人们对中国式现代化的兴趣点，及时调整内容和策略，扩展对外传播辐射力，进而实现主体宣介与客体需求的统一。"数据显示，当前全球人口已经超过80亿，换言之，我们面对着一个超过66亿人口的庞大受众群体。这些群体分布在全球240个国家和地区，使用着超过5000种语言，背后的宗教、文化、习俗更是千差万别。因此，必须深入调研，针对在不同国家、领域、群体的国际传播效果现状，采取更加有针对性和侧重性的传播方式，进一步加大国际传播策略的区分性，注重扬长避短。"[1]为此，要及时跟踪和分析国际社会关于中国式现代化理解和认同的动态，通过动态关注国外主流智库的研究内容及发展趋势，国外主流媒体对中国及中国式现代化相关议题的报道，一些政要、学者及其他专业人员的言论及观点等，主动把握在国际社会中人们对中国式现代化的认知程度，从而在展示中国式现代化发展情况时强化区分度，增进人们的理解程度。

（三）增强中国式现代化的国际认可度

中国式现代化的国际认可度主要是指在国际社会中所传播的中国式现代化的内容得到认可和好评的程度。增强对中国式现代化的国际认可度，是让世界读懂中国式现代化所要达到的理想效果。人们在知晓、理解中国式现代化之后，还要进一步在思想上、情感上做到真正接受与接纳，并在行为上有所支持，让世界读懂中国式现代化方能充分实现其意义价值。

让世界接受并认可中国式现代化，必须让世界看到中国式现代化的发展对人类社会的贡献。当今世界是一个全球化的社会，包括地区之间和国家之间的冲突、能源问题、人口增长、资源瓶颈、气候变化、

---

[1] 当代中国与世界研究院课题组：《展示丰富多彩、生动立体的中国形象——基于中国国家形象全球调查（2021）的思考》，《对外传播》2023年第12期。

恐怖主义、生态保护、金融危机等都属于全球性的热点问题。面对这些治理难题，中国应当承担起对世界与时代的使命担当，参与到全球治理中，贡献中国智慧与中国方案，在此过程中所展现的中国式现代化的实力与优势才有可能为世界所深度认同。为此，就需要向世界展现中国式现代化的理论创新伟力、实践发展进程，并以可靠的信息沟通方式加以传递，对已有的误解冲突加以主动应对，从而让世界看到中国人民在实现现代化过程中的智慧、创造和力量。

其一，从理论上看，中国式现代化是对世界现代化理论的发展与创新。中国式现代化是马克思主义中国化时代化的最新理论成果，是在充分吸收借鉴世界先进文明成果的基础上，结合中国的国情和实际，探索适合中国特色社会主义发展道路的现代化建设路径。"中国式现代化凭借'共同富裕''和平发展'所蕴含的公平正义价值文明，矫正和超越了资本主义现代化的'内在对抗''外在对抗'分别造成的阶级剥削和殖民掠夺问题，创造了人类文明新形态。"[①] 总体而言，中国式现代化从理论层面上诠释了"现代化的另一幅图景"。西方国家较早地建构了现代化的理论和概念，长期垄断着现代化的定义权和解释权。我们要重点对中国式现代化进行理论归纳和总结概括，构建起体现中国特殊性和世界普遍性的现代化理论和概念，从内涵、特征、意义等多个角度做好对中国式现代化的理论宣传阐释工作，使中国式现代化理论能够逐渐深入人心。中国式现代化的理论体系打破了西方现代化理论的垄断地位，提供了更符合世界历史发展规律、更契合中国具体实际、更具有人类情怀的现代化理论，拓宽了人类对于现代化问题的认识与理解，为广大发展中国家走向现代化提供了更为全面、更为多样、更合乎实际的现代化理论指南与智力支持。中国式现代化理论体系之所

[①] 魏传光：《中国式现代化的公平正义价值底蕴与人类文明新形态的创造》，《甘肃社会科学》2023年第4期。

以是深刻的，正在于理论与实践之间的高度契合性。

其二，从实践上看，中国式现代化对于整个世界现代化发展进程有着重要贡献，发挥着积极的推动作用。中国式现代化不仅仅是中国14亿多中国人民的现代化，也是中国为创造一个更加稳定、繁荣、美好世界作出积极贡献的现代化。中国正在通过实实在在的努力，为国际经济增长提供新引擎，为发展中国家实现现代化提供新选择，为全球治理提供新路径，为世界和平发展提供新保障，为人类美好未来提供新方向。这些事实是不以人的主观意志为转移的客观存在，是中国式现代化发展对当今世界发展作出的重要贡献。但要赢得国际社会的认可，我们不仅要做得好，还要说得好。因此就需要对这些客观事实进行有效的总结和提炼，形成对中国式现代化实践经验的归纳总结，将客观的事实转化为能够激发人们认可的生动叙事。让西方国家读懂中国，读懂中国式现代化不是通往霸权之路，而是始终坚守永远不称霸、不搞扩张、不谋求势力范围的道路，中国更不是国际秩序的颠覆者、毁灭者，而是国际秩序的维护者；让发展中国家读懂中国，读懂中国式现代化不是非此即彼的发展模式，不是西方以资本为中心的现代化、两极分化的现代化、物质主义膨胀的现代化、对外扩张掠夺的现代化，而是物质文明和精神文明相协调的现代化，是人与自然和谐共生的现代化。当然，叙事的有效性还紧紧依托于传播媒介特别是媒体的传播力度与可信度。

其三，从媒体的角度看，受众群体越是对媒体知晓、了解与信赖，对其传播的中国式现代化内容就越容易相信。因此，一方面，有必要了解各国的主流媒体对中国式现代化的塑造情况。通过考察当地代表性媒体对中国国家形象的建构，我们可以更加清晰地看到目标国的立场、态度、政治倾向、国家利益观，以及潜藏的对华隐喻。由此也可以检验中国式现代化国际传播目标是否达成，以及为接下来的工作提供合理的改进方向与策略。另一方面，有必要了解国际受众的媒介使用情况。国际受众由于地域与文化差异，往往拥有不同的媒体使用习惯，在认知上将与传播者产生巨大差异，也会因不同的习惯而产生不理解、不明白，甚至会产生排斥、误解和扭曲的现象。因此就需要了解目标对象的媒体使用特点，再针对其个性进行精准传播，可以在较大程度上提升对外传播工作的精准性和针对性。国际社会的公众如果愿意主动通过某一媒体获取中国式现代化信息，那么该媒体在受众心目中的认可度则会相对较高。通过该媒介提供关于中国式现代化的高质量信息，受众在接触媒体及其所发布内容的过程中，则能结合自己切身体验形成对中国式现代化更加符合客观事实的影响力判断与评价。

二、让世界读懂中国式现代化必须把握的一般原则

世界对中国式现代化的理解与认同并非是盲目的，而是以客观的分析与相对一致的价值选择为基础的。中国式现代化在向世界主动展示自身的理论与实践发展过程中，要实事求是地展现自身建设的真实情况，同时不妄自尊大，坚持和而不同，尊重不同国家的发展道路，树立效果意识，着力呈现真实、立体、全面的中国形象。

（一）客观性原则：展现中国式现代化建设的真实情况

让世界读懂中国式现代化必然要以中国式现代化建设的实际情况为前提。真实性与客观性是让世界读懂中国式现代化的基础，也是提高中国式现代化影响力与传播力的关键。首先，要以实事求是的态度主动向世界宣介中国式现代化。基于世界发展的实际状况和中国发展的真实能力进行定位，摆正自身位置，有效传播好中国声音、提升国家形象和影响力。随着我国国际地位的日渐提升，向世界宣介中国式现代化，更要时刻保持战略定力，坚持实事求是，客观公正地表达意见，冷静、理智，既不妄自菲薄，也不傲慢自大，以符合中国是负责

任世界大国形象的标准不偏不倚、不卑不亢地开展国际传播。注重把握好基调,既开放自信也谦逊谦和,既要展示成就也要把握好度,平实朴实、有理有据地讲好中国发展和中国成就的故事。要遵循基本的传播规律,坚守信息的真实性与客观性原则,保证传播主体的公信力,充分展现中国故事背后的思想力量和精神力量,使中国的理念与模式为更多的人所了解。

其次,在向世界宣介中国式现代化过程中,要用事实说话,展现中国式现代化发展的真理力量。中国式现代化的建设发展,建立在对客观规律的探寻与追求基础上,这是向国际社会讲好中国式现代化故事的重要出发点。中国式现代化的根本性质、本质要求及实践活动的重大原则不是人们主观臆造出来的,而是对中国人民在中国共产党领导下不断推进中国式现代化伟大实践的经验这一客观存在的正确反映。中国式现代化是中国共产党领导的社会主义现代化,这是中国式现代化的根本性质。中国式现代化的本质要求是坚持中国共产党领导,坚持中国特色社会主义,实现高质量发展,发展全过程人民民主,丰富人民精神世界,实现全体人民共同富裕,促进人与自然和谐共生,推动构建人类命运共同体,创造人类文明新形态。这是中国共产党领导中国人民在不断推进中国式现代化的历史进程中得出的规律性的认识。与此同时,我们也深刻认识到,伴随着中国式现代化实践活动向前发展,已获得的认识在广度和深度上不一定与新的实践完全相符,这就必然有待于进一步深化和发展,从而在不断的实践探索中,推动对中国式现代化的真理性认识。党的二十大报告指出,"我们必须坚持解放思想、实事求是、与时俱进、求真务实,一切从实际出发,着眼解决新时代改革开放和社会主义现代化建设的实际问题,不断回答中国之问、世界之问、人民之问、时代之问,作出符合中国实际和时代要求的正确回答,得出符合客观规律的科学认识,形成与时俱进的理论成果,更好指导中国实践"①。向世界客观呈现中国式现代化,要善于用数据与事实说话,在向世界宣介的过程中展现真实力量。在介绍中国式现代化的各方面成就时,不仅阐述中国式现代化的总体理念与制度安排,还要列举具体的数据和指标,以此增强话语的说服力,在政策和相关理论的支撑下客观反映事实,确保国际社会更加全面客观地了解和认识中国。不能只是碎片化、随机性地撷取一些零星的内容,只让受众看到了"局部真实",而对"全局真实"并不了解。让世界了解和认识中国、认识中国式现代化,就要让外界了解中国正在发生什么,不能片面地宣扬成就,而刻意遮蔽发展中存在的问题。通过一种更加全面的视角,既着重讲述中国改革取得的成就,也能够反映出实践的复杂性与艰难性;既分析报道中国式现代化具备的强大成长性,也直面发展进程中的现实挑战。"大国在国际舆论场上最吸引人的叙事,是其如何克服困难、解决自身问题,如何发挥负责任的作用,为世界的稳定和发展作出贡献。我们需要用实际言行展现中国与世界各国推动构建人类命运共同体的愿景和努力。向有关国家和国际组织提供疫苗和设备援助,分享防控经验,助力世界早日战胜疫情。在气候变化和环境保护问题上,制定和落实碳达峰、碳中和的行动方案和具体措施,用实际行动保护人类共同家园。我们可以多讲这个过程中的故事,包括面临的困难和克服困难的努力。事实上,实现目标的过程中确实存在各种各样的难题,中国制度的优势恰在于拥有直面和克服困难的意志和能力。据实展现这个过程,用润物细无声的叙事将中国人的行动客观平实地介绍给外部世界,这样更容易获取国际公众的理解和支持,是以中国行动和贡献体现中国精神、展现中国人风貌的最佳方式。"②

---

① 习近平:《高举中国特色社会主义伟大旗帜 为全面建设社会主义现代化国家而团结奋斗——在中国共产党第二十次全国代表大会上的报告》,人民出版社2022年版,第17页。
② 傅莹:《加强国际传播,更好地塑造中国形象》,《人民论坛》2021年第31期。

总之，有成就也有差距，有希望也有难题，这才是当下中国式现代化发展的现实状况。如果一味地在对外传播中强调中国的成就，虽然暂时能赢得一些掌声，但久而久之，可能就会使国际受众感觉到不真实，从而影响传播的可信度。类似的做法，也将在一定程度上减损中国式现代化的魅力，很难使国际受众对中国的改革发展产生深刻印象。

（二）和而不同原则：尊重不同国家的发展道路

和而不同作为中华民族凝聚力的主要源泉，为中华文化几千年多样性发展带来了强劲的动力。与此同时，和而不同也可以作为让世界读懂中国式现代化所必须把握的一项重要原则，蕴含着中国式现代化何以在不同文明的世界中进行有效传播的可能性，是中国式现代化能够在国际社会得到充分理解的现实路径。作为在不同民族、国家和其他国际行为主体之间进行的一种跨文化的信息交流与沟通，在国际传播中，不同国家、不同文化之间的差异是不可避免的。理性看待各文化文明的差异，承认、维护并尊重世界各国现代化发展道路的差异性与多样性，是中国式现代化本身的鲜明特色，也是中国式现代化国际传播的必然要求。

其一，坚持和而不同原则，要承认不同国家发展道路的差异性。中国传统文化中认为，"和"的前提是多，"和"本身包含着多样性，追求的是多样中的"共同"，"和"是不同之和，还意味着对多的调和、协和、统和。和而不同首先就在于承认事物的多样性。让世界读懂中国式现代化秉承和而不同的原则，是以尊重并承认世界上不同国家发展道路的差异性为前提的，认为世界上既不存在定于一尊的现代化模式，也不存在放之四海而皆准的现代化标准，每一个国家与民族的文化都是独一无二的，发展道路必然是多样的，所以应当消除误解，以包容、平等的心态看待不同国家的不同发展过程。中国向来尊重各国人民自主选择发展道路的权利，维护国际公平正义，反对把自己的意志强加于人，反对干涉别国内政，反对以强凌弱。与此同时，不同是和的基础，因此，还要充分肯定不同国家发展道路这种差异性或多样性的价值。习近平总书记指出："人类社会创造的各种文明，都闪烁着璀璨光芒，为各国现代化积蓄了厚重底蕴、赋予了鲜明特质，并跨越时空、超越国界，共同为人类社会现代化进程作出了重要贡献。"① 世界多样性可以成为人类社会进步的不竭动力、人类文明多姿多彩的天然形态。历史呼唤着人类文明同放异彩，不同国家的文明应该和谐共生、相得益彰，共同为人类发展提供精神力量。

其二，让世界"读懂"中国，关键是找准共同利益。坚持和而不同原则，要积极寻求各方利益交汇点和合作最大公约数，实现各方共享发展机遇和成果。和而不同要求在承认差异的基础上还要进一步求同存异、共生共长、美美与共。尽管各国的现代化发展道路不同，但总有一些共识。"各种模式的现代化都有共性逻辑。一般而言，现代化的共性逻辑包含以下5个方面：以科学技术进步为动力的科技化、以制造业大规模发展为标志的工业化、以人口集聚和空间重构为特征的城市化、以商品流通和资源配置为主导的市场化、以跨国互动和合作为特征的全球化。其中，科学技术是现代化的核心。"② 这些规定是各国现代化的共同性和普遍性，是人类社会发展现代化的客观必然，也是中国式现代化国际传播积极寻求共性，作为负责任大国推动各国在共同的诉求、共同的价值、共同的命运基础上开展交流对话的重要基础。

其三，坚持和而不同原则，要在尊重各国发展道路的前提下，积极推动各国的平等对话，开展有效的交流互鉴活动。和而不同，指向

---

① 习近平：《携手同行现代化之路——在中国共产党与世界政党高层对话会上的主旨讲话》，人民出版社2023年版，第7页。
② 马忠、淡雨萌：《中国式现代化国际叙事的跨文化透视》，《陕西师范大学学报（哲学社会科学版）》2023年第6期。

从不同到"新和"再向新的不同，以此生生不息。和的精神因此不在于排斥而在于包容，在于圆融互通。伴随新航路的开辟和工业革命的兴起，各文明相对孤立与区域性的分割状态被打破，人类历史越来越成为世界历史，"各民族的原始封闭状态由于日益完善的生产方式、交往以及因交往而自然形成的不同民族之间的分工消灭得越是彻底，历史也就越是成为世界历史"[①]。它使每个文明国家以及这些国家中的每一个人的需要的满足都依赖于整个世界，民族的片面性和局限性日益成为不可能。加之随着经济全球化和信息化时代的到来，人类交往的世界性比过去任何时候都更深入、更广泛，各国相互联系和彼此依存比过去任何时候都更频繁。"以中华文明为例，从汉代张骞出使西域引进西域文化成果，到唐朝的'大交流'、明代郑和七次远洋航海，再到清初学习欧洲的天文学、几何学、地理学等知识，中华民族总是秉持和而不同、求同存异的态度，与世界其他文明相互交流学习。"[②] 这种包容性体现在中国式现代化面对人与人之间、人与自然之间、国与国交往之间的差异性，不是选择以一种对抗、排他的相处之道来应对，而是以一种包容的价值观念来引领人与人之间宽容贵和、人与自然之间和谐共生、国与国之间和而不同，打破了人与人、人与自然、国与国之间对立、零和博弈的思维框架、观念模式。[③] 新中国成立后倡导的和平共处五项原则，改革开放后对时代主题作出和平与发展的判断，新时代将坚持和平发展道路写入宪法，弘扬全人类共同价值等，均表明中国式现代化发展道路以和平方式妥善处理争端，以平等精神共同发展，坚信不同文明应该和谐共生、相得益彰，共同为人类发展提供精神力

---

① 《马克思恩格斯选集》第1卷，人民出版社2012年版，第168页。
② 刘先春、张艳霞：《中国式现代化蕴含的"文明互鉴观"》，《世界社会主义研究》2024年第2期。
③ 王岩、熊峰：《论中国式现代化蕴含的独特价值观》，《思想战线》2024年第3期。

量。因此，面向新时代中国式现代化的国际传播，一方面要善于在比较中积极吸收和借鉴世界现代化发展的有益元素，紧紧把握住中国与世界政治、经济、文化、科技发展的内在联系及发展趋势，通过学习借鉴国外先进的管理制度和方法实现优势互补。另一方面，应主动与世界各国分享中国式现代化发展的文明成果和成功经验，让国际受众理解中国式现代化发展所作出的积极贡献，推动人类在现代化进程中增进了解，强化共识。

（三）实效性原则：注重中国式现代化传播的实际效果

让世界读懂中国式现代化最终要靠效果说话，要看国际受众有没有听得到、听得懂、听得进、听得明白，对中国式现代化是否能够真正理解、信任与支持，因此，需要带着强烈的效果意识，去呈现一个更真实、更全面的中国。"在表达效果上表现我国现代化发展的精神文化风貌，全方位展示我国历史文化传统的内在价值、各民族多元一体的奋斗精神、文化多样和谐的社会面貌；呈现我国现代化全面发展的蓬勃态势，全方位展示我国经济、政治、文化、社会、生态多方位发展、高质量发展的现代化图景；表达我国现代化发展与世界现代化发展密切关联，全方位展现我国和平发展、共同发展的发展理念、维护国际公平正义的价值追求、为人类做出贡献的使命担当；描绘我国现代化发展的生动实践，全方位展现对外更加开放、更加具有亲和力、充满希望、充满活力社会主义现代化实践。"[①] 在具体实践中，应着重从理念、策略与评估等几个维度，加强传播的实效性。

一是从传播理念上，要牢固树立效果意识，避免传播低效或无效。这就不能只是讲些大而化之的道理，而要让受众对中国式现代化产生具体的认知和共鸣，讲好具有均衡感和细节感的中国式现代化发展故

---

① 张艳艳：《中国式现代化道路话语体系建构研究》，兰州大学博士学位论文，2022年。

事。同时要树立世界眼光，把中国的发展放到世界发展框架下进行阐述与展示，赢得国际社会对中国的理解和认同，适应新的国际传播形势，转变媒体报道理念，以开阔的视野、开放的胸襟、开明的态度，促进不同文化的平等对话。针对当前国际社会中的"中国威胁论""中国崩溃论"等错误论调，应该因人制宜，讲究策略，注重实效。对于尚不了解中国情况的国际受众，解疑释惑，加强沟通；对于对中国存在误解偏见的受众，善于用事实说话，以理服人；对于对中国心存敌意的受众，及时澄清是非，以正视听。通过有理、有利、有节的传播工作，赢得国际社会对我们的理解和认同。同时，也要清醒地认识到，国际传播是跨文化传播，不同文化间的误读是不可避免的，在跨文化传播中，应该宽容看待这种现象，通过优化传播方式策略，增进不同文化的相互理解和包容。

二是从传播策略上，要淡化官方传播的意识形态色彩，多从文化交流的角度增进中国式现代化在国际上的亲和力与影响力。注重传统媒体与现代媒体的有效结合，形成立体化全方位智能化的传播格局，优化国际传播效果。将显性灌输与隐性浸润巧妙结合，多使用受众乐于接受的方式宣介中国式现代化，提升宣介艺术。要注重对中国式现代化传播做到既实现全球覆盖又达到精准传播。不同的国家和民族有着自己独特的文化背景，拥有不同的文化环境，在中国式现代化的国际传播中要根据不同的文化语境、不同对象的语言和习俗等选择最佳的传播主体、最合适的传播内容、最恰当的传播渠道、最契合的传播媒介。对于这一点，习近平总书记曾多次作出重要指示。如2021年5月，习近平总书记在中央政治局集体学习时指出："要采用贴近不同区域、不同国家、不同群体受众的精准传播方式，推进中国故事和中国声音的全球化表达、区域化表达、分众化表达，增强国际传播的亲和力和实效性。"[①] 2022年9月，习近平总书记又在给中国新闻社建社70周年的贺信中强调，"要提高国际传播能力，增强报道亲和力和实效性"[②]。因此，要准确把握舆论传播趋势，在对外传播工作中贴近中国实际、贴近国际关切、贴近海外受众。根据不同国家不同地区的特点，采取一国一策方针，实现对中国式现代化有关新闻产品供给有的放矢、精准投放。既利用新媒体技术覆盖全球，同时注意区分不同传播对象的文化语境以实现本土化精准化传播，通过"点面结合"优化传播效果，推动中国式现代化实现国际认同。

三是从效果评估上，要做好对中国式现代化传播实效性的测评，通过效果评估，追踪国际社会对中国式现代化的认可程度。善于利用新媒体技术对传播情况进行采集、监测和剖析，制定相应的评估体系，实时跟踪反馈并作出及时调整与优化，有针对性地展开再次传播，不断改进中国式现代化国际传播的效果。实效性评估要着眼于解决当下国际社会对中国式现代化的理解难题，既减少与当地人民的沟通障碍增加亲近感，又增强他们对中国式现代化的认同。让世界读懂中国式现代化本身作为一项重要的国际交往活动，实际也是中国国家战略的重要组成部分，关系到整体中国国家形象的塑造与国际交往活动的开展。对效果的把握即是对国际社会认知概况的整体把握，加强对国际社会认知效果的测量和评估，是进一步调整和优化传播策略的重要参考。具体而言，就是要建立健全科学化规范化的国际传播效果评估体系，解决评估主体、评估客体、评估方法、评估标准等问题，从而进一步拟定具体的评估要素，特别是中国式现代化的吸引力、感召力、

---

① 《习近平在中共中央政治局第三十次集体学习时强调 加强和改进国际传播工作 展示真实立体全面的中国》，《人民日报》2021年6月2日。
② 《习近平致信祝贺中国新闻社建社70周年强调 创新国际传播话语体系提高国际传播能力 增强报道亲和力和实效性》，《人民日报》2022年9月24日。

影响力有无提升。在科学性原则的指导下，按照一定的指标体系，对国际传播的影响范围和程度进行分析和衡量，对传播实效进行测评，从而为未来的中国式现代化传播实践提供借鉴和参考。

三、让世界读懂中国式现代化的具体要求

帮助世界更好了解真实的中国式现代化，同时也促进中国式现代化更好发展，就要在国际传播部署上坚持系统谋划，在形象塑造上增强自塑主动权，在国际传播内容上突出中国特色，在国际传播方式上善用中国优势。

（一）在国际传播部署上坚持系统谋划

实现中国式现代化国际传播建设的目标和责任，必须制定相应的国际传播战略。习近平总书记明确指出，"必须加强顶层设计和研究布局，构建具有鲜明中国特色的战略传播体系，着力提高国际传播影响力、中华文化感召力、中国形象亲和力、中国话语说服力、国际舆论引导力"[1]。进入21世纪以来，党中央就开始将国际传播战略布局作为一项重点工作。2009年6月，中共中央下发《关于印发〈2009—2020年我国重点媒体国际传播力建设总体规划〉的通知》，明确提出把我国重点媒体国际传播能力建设纳入国家经济社会发展总体规划。在此之后，我国对外传播领域的"部门外宣"观念开始淡化，取而代之的是"国家外宣"理念的逐渐深入人心，对外传播媒体孤军奋战的格局逐渐转变为"集优势兵力于一身的协同作战"[2]。然而，尽管经历一段时间的发展之后我国的对外传播体系建设已经显露成效，但与欧美一些较早地建立起相对完善的国际战略传播体系的国家相比，我国对外传播的战

---

[1] 《习近平谈治国理政》第4卷，外文出版社2022年版，第316页。
[2] 程曼丽：《中国对外传播的历史回顾与展望（2009—2017年）》，《新闻与写作》2017年第8期。

略部署的体系性仍然亟待完善。美国在2005年就发布了首个"公共外交和战略传播五年计划",2008年成立"战略传播机构间政策委员会",为在全球传播和重塑美国形象确立了领导部门和行事原则,更在2016年发布了《波特曼—墨菲反宣传法案》,以专门法的形式为其在全球排挤中国等外部传播力量提供了法律依据。近年来,我国加快推进国际传播战略体系建构,"从局部看,我国国际传播在具体战术层面收获颇丰,已经拥有相当多的成功案例与经验,其中对国际传播关键要件(如主体、内容、渠道和效果等方面)的研究、建设与发展已经有了长足的进步。但从全局看,我国国际传播的整体战略系统性不足、关键要件之间协同性不够,国际传播的效能在全球范围内还未达到理想状态"[①]。

中国式现代化的国际传播是一个系统工程,需要统筹兼顾、系统谋划、整体推进。在顶层设计之下集合所有要素、全部资源的整体性协同性传播,充分发挥各个传播主体的合力作用,对不同的子系统、不同的系统要素,进行系统全面的梳理,精密统筹,对涉及中国式现代化的物质与信息资源进行优化配置,以此发挥系统的集成效应,以提升中国式现代化的国际传播效能。中国式现代化国际传播既与各国政治、经济、文化等领域的现代化发展情况关联紧密,同时在政治、经济、文化等领域的传播也有自身特定的规律,必须树立系统论的思维理念。首先,从国际传播的宏观战略与具体战术上看,中国式现代化国际传播涉及的问题极为广泛,确立有效的整体战略传播框架与提升具体战术同样意义重大。总体的战略包括对国际传播的主体、内容、环境、方式及人才等进行有效的系统协同战术设计等,以战略目标为导向,精心策划议题,可以帮助找准中国式现代化国际传播的定位,

---

① 胡正荣、王天瑞:《系统协同:中国国际传播能力建设的基础逻辑》,《新闻大学》2022年第5期。

明确努力与实践方向,是国际传播的长远目标。具体的战术则能够进一步使该战略设计落地,并及时调整、完善相关细节。国际传播整体战略的具体实施尚需更为细致的流程规划和法律法规保障,更为明晰地划定对于国际传播的各部门领导职权进行精准的效果评估,以更好促进方式方法的改进,实现各工作的共同协作与协调同步。其次,统筹国内国外两个大局。协同好内宣与外宣的关系,亦是国际传播战略部署的重要内容。随着全球化程度的加深,国内外传播工作的关系越来越紧密,二者的边界变得愈发模糊,国际上的问题可以即时反射到国内,国内外的信息流向趋向融合,宣传效果须内在联动。因此,对中国式现代化的国内宣传政策、纪律与国际传播的方式方法、策略机制等要做好相互协调。同时,中国式现代化的国际传播与整个世界的现代化发展及其传播深度关联,要认清我国面临的国际舆论困境及对外传播的短板,增强对国际共同议题的关联与搭载能力,使中国式现代化国际传播的整体运行系统与世界其他国家的各类系统进行有效的协调。再次,要在尊重国际传播的一般规律前提下发展中国式现代化国际传播。国际传播是全方位、多层次、立体化、动态性的传播工程,只有尊重国际传播规律,中国式现代化国际传播才能做到更加精准、科学与高效。这就要对国内外的新现象不断加以认识,比如在媒体融合的大背景下,积极构建全程媒体、全息媒体、全员媒体、全效媒体的传播生态,关注突飞猛进的人工智能技术对信息生产、内容生成以及舆论形态带来的冲击,遵循数字规律,以在深入分析中遵循传播规律。此外,要推动中国式现代化国际传播的理论与实践紧密结合。理论的创新与发展,能够保持思想的敏锐性和开放度,以思想认识的新飞跃开创国际传播工作新局面。实践则是国际传播工作的呈现方式。理论研究在国际传播领域扮演着十分重要的角色,它能够帮助人们更好地厘清当前国际传播中的种种现象和问题,同时为国际传播的实践指明发展方向和操作进路。当前，国际传播领域出现了实践和政策快速发展与理论研究相对滞后的局面，并且主要优势还是在西方，真正内生于中国思想、中国实践和中国特色的理论相对不足，因此在理论上仍需进一步加强，以更好推动中国式现代化国际传播实践。最后，坚持"硬件"和"软件"建设"两手抓"。"硬件是指支撑国际传播的硬实力，如经济、科技、军事以及传播基础设施等，软件是指基于上述硬实力的软力量的表现与水平。"① 中国式现代化国际传播中传播技术、基础设施等硬件是基础，观念和思维的"软件"强大，则是保障中国式现代化国际传播效果更加持久的关键。坚持"硬件"和"软件"建设"两手抓"，才能实现国际传播的良性协同运作。

（二）在形象塑造上增强自塑主动权

中国式现代化的国际形象是在国际传播中塑造的关于中国式现代化的总体印象。它对于实现传播目标、提高传播能力、追求传播效果具有重要意义。然而不可否认的是，当前中国想要向世界呈现的现代化形象，同目前存在的形象仍有一定差距，还存在信息流进流出的"逆差"，中国的真实形象和西方的主观印象还存在"反差"。中国式现代化形象的建构具有多种角度和面向，其过程是多种要素共同作用的综合结果。中国式现代化的国际形象的基础是自塑，但总要受到他塑的影响，实际是在"自塑"与"他塑"的共同作用中生成，在中国与世界的互动中不断发展演进。"改进国际传播，首先要清楚如何构建清晰形象。国家形象与个人形象相似，其构成包括三重图像，一是'你是什么'，二是'你说你是什么'，三是'别人认为你是什么'。这三重图像的重合度越高，形象就越清晰。如果形象不能及时有效自塑，就会陷入他塑的境况。所以需要不断增强主动塑造国家形象的意识和

---

① 胡正荣、王天瑞：《系统协同：中国国际传播能力建设的基础逻辑》，《新闻大学》2022年第5期。

能力。"[1]习近平总书记也指出："中国在世界上的形象很大程度上仍是'他塑'而非'自塑'，我们在国际上有时还处于有理说不出、说了传不开的境地。"[2]为改变这种局面，让世界真正理解中国的本来面貌，我们必须在国际传播上做到自主定位，增强"自塑"的主动权与话语权，切实提升国际传播效能，以中国式现代化的内涵逻辑与价值理念，突破西方的话语围猎，营造有利的国际舆论环境。

增强中国式现代化形象的自塑主动权，不仅要解决好如何自塑的问题，还要把握好自塑与他塑的关系，提高自塑建设的能力与水平。自塑是指中国作为传播主体的自我形象塑造，可依据本国实际情况，按照主体意愿建构理想的中国式现代化国际形象。在自塑形象生成过程中，国家通常把理想形象投射到自己身上，并希望以此影响他者。例如通过主动展示经济、政治、文化、社会、生态等中国式现代化建设方面的特点和成就，以及价值观、发展理念和国际责任等，从而形成真实立体全面的国家形象。他塑则是指中国作为传播客体的他者形象塑造，呈现出他国视域下的国家镜像。他塑涉及他国政府、媒体和民众等对对象国的描述、评价和情感，对国家形象的外部认知和印象产生巨大影响。他塑不仅是其他国家或主体对中国形象的再造，实质上，他塑经常是将被塑造国的差异作为重点，来证明塑造国主流意识形态的合理性，从而满足塑造国在国际行为中据此最大限度地谋求利益的需求。[3]从二者的区别来看，他塑的形象多是人们立足于本国立场、视角与利益，不单单在表述对方，更是在表述自己。因此，他塑有时难以呈现中国式现代化真实、客观、全面的形象。在现实社会中，由于政治制度、国际关系、意识形态、历史文化、经济体制等的不同，

---

[1] 傅莹：《加强国际传播，更好地塑造中国形象》，《人民论坛》2021年第31期。
[2] 《习近平关于社会主义文化建设论述摘编》，中央文献出版社2017年版，第212页。
[3] 张昆：《张昆自选集》，社会科学文献出版社2021年版，第941页。

对中国形象的他塑与自塑又多会存在一定的鸿沟，对中国式现代化的自塑与他塑也会存在一定差异。因此，自塑应当作为中国式现代化国际形象塑造的主要方式，要加大对中国式现代化形象的自塑能力与自塑建设。增强自塑主动权要做好破立并举，也就是说对于他塑的失真要能够有针对性地回应，解构强加给中国的消极形象，破除自塑与他塑形象的鸿沟。同时，努力建构更加有说服力的良好形象，这就不仅要求要有效供给大量优质信息，说得好，还要及时抢占有利时机，说得早、说得快，以抢占国际舆论的制高点，赢得国际公众的信任。中国式现代化的国际形象塑造与中国形象的塑造具有内在一致性。我国自塑的形象定位，已经具有了较为清晰的判断，习近平总书记强调："要注重塑造我国的国家形象，重点展示中国历史底蕴深厚、各民族多元一体、文化多样和谐的文明大国形象，政治清明、经济发展、文化繁荣、社会稳定、人民团结、山河秀美的东方大国形象，坚持和平发展、促进共同发展、维护国际公平正义、为人类作出贡献的负责任大国形象，对外更加开放、更加具有亲和力、充满希望、充满活力的社会主义大国形象。对那些妖魔化、污名化中国和中国人民的言论，要及时予以揭露和驳斥。做这项工作，要大音希声、大象无形，坚持不懈、久久为功，让当代中国形象在世界上不断树立和闪亮起来。"[①] 在党的二十大报告中又进一步提出要塑造可信、可爱、可敬的中国形象。[②] 这些为中国式现代化的形象塑造提供了重要指引。在此前提下，中国式现代化的形象自塑可以结合具体的现代化内容，巧妙设置议题，进行精准传播。在中国式现代化的国际传播中，自塑与他塑形象的互动、竞争与博弈往往持续存在。他塑并非全然无用，不仅能为国际受众提

---

① 《习近平关于社会主义文化建设论述摘编》，中央文献出版社2017年版，第202页。
② 习近平：《高举中国特色社会主义伟大旗帜　为全面建设社会主义现代化国家而团结奋斗——在中国共产党第二十次全国代表大会上的报告》，人民出版社2022年版，第46页。

供不同认知视角，也能够为我国调整国际形象和完善自塑过程提供参考借鉴。无论在历史还是现实中，都有诸多他塑为中国式现代化形象塑造起到积极作用的鲜明例子。"回顾中国共产党的百年历程，每个时期都有通过'他塑'影响世界的中国故事。现当代有傅高义的《邓小平时代》、马凯硕的《中国赢了吗？》，历史上有西方记者埃德加·斯诺、艾格尼·史沫特莱、伊斯雷尔·爱泼斯坦等国际友人，他们都通过亲身经历来宣传介绍中国。"[①] 近年来，也有不少国外政客、学者乃至网红向世界传递中国式现代化的显著优势。因此，对中国式现代化形象的他塑，既要辩证地认识与看待，充分考虑传播对象国的主体能动性，分析其是如何基于其自身利益考量对中国形象进行主动建构；也要积极转化，增强自塑主动权，这就意味着在对他塑的全面认识之上，对积极的塑造为我所用，对不实或消极的塑造及时应对，积极推动他塑向自塑的转化。

（三）在国际传播内容上突出中国特色

国际传播内容是指国际传播中主体根据自身意图和客体需求向客体传播的信息。内容在很大程度上决定着国际传播的效果。随着时代的发展与国际受众认知特点的变化，对中国式现代化的国际传播内容也要与时俱进，及时作出适当调整，注重质的提升，不仅要让世界更多看到中国式现代化的发展，还要引导世界更好地认同中国式现代化的建设。中国式现代化既有各国现代化的共同特征，更有基于自己国情的鲜明特色。这就要求不仅要将中国式现代化中具有当代价值、世界意义的精髓提炼出来，而且要把具有中国特色、体现中国精神、蕴藏中国智慧的现代化成果展现出来，提升中国的美誉度。

"中国特色"是我们对外阐述中国式现代化的中国化、个性化、本

---

① 孙宇挺：《事明理当拓新路　自塑他塑开新局——新时期做好国际传播工作的思考》，《新闻战线》2021年第9期。

土化基本特征之所在，表明的是中国式现代化区别于其他现代化道路的特质，具有独特的规定性。党的二十大报告明确概括了中国式现代化5个方面的中国特色，深刻揭示了中国式现代化的科学内涵。这既是中国式现代化的理论概括，也内在蕴含着对中国式现代化国际传播的实践要求。其一，要讲清楚中国式现代化在人口规模上的中国特色，即人口规模巨大的现代化。人口规模巨大是中国的特殊国情。中国人口众多，占世界总人口的1/5。人口规模巨大不仅要从数量层面来理解，还要看到其对质的规定，这意味着推进中国式现代化面临的艰巨性与复杂性，也意味着将对世界文明发展带来的重大意义，还意味着其发展过程与推进方式必然要与中国实际紧密相连。其二，要讲清楚中国式现代化在发展目的上的中国特色，即全体人民共同富裕的现代化。中国古代就有关于"小康""大同"的理想，体现的是古人对共同富裕的憧憬和向往。全体人民共同富裕的要求同时也充分吸取了后发国家现代化过程中普遍出现的贫富剧烈分化的教训，是社会主义的本质要求，也是中国式现代化不同于西方现代化的根本区别。共同富裕本身就是社会主义现代化的一个重要目标，中国式现代化以人民为中心，而西方现代化以资本为中心。中国式现代化要实现全体人民共同富裕，要求正确处理效率和公平的关系，在做大蛋糕的同时分好蛋糕，而西方现代化导致的是两极分化。中国式现代化把实现人民对美好生活的向往作为现代化建设的出发点和落脚点，着力维护和促进社会公平正义，提高人民生活水平。其三，要讲清楚中国式现代化在发展方向或者实现方式上的中国特色，即物质文明和精神文明相协调的现代化。物质文明和精神文明相协调一方面是人类社会发展的必然趋势和前进方向，人既有物质需要也有精神需要，人在改造客观世界的同时也在改造着自己的主观世界。另一方面，以往在一些国家实际的现代化发展道路中却往往重物质而轻精神，中国式现代化则将物的现代化与人的现代化更好地统一起来，将物质文明与精神文明视作比翼双飞的发展过程。只有物质文明建设和精神文明建设都搞好，国家物质力量和精神力量都增强，全国各族人民物质生活和精神生活都改善，才能更好地实现人的全面发展，使中国式现代化顺利向前推进。其四，要讲清楚中国式现代化在人与自然关系处理层面的中国特色，即人与自然和谐共生的现代化。改革开放以来，中国在推进物质文明建设的同时，不断推进生态文明建设，摒弃了先污染后治理的现代化老路，走出了一条生产发展、生活富裕、生态良好的新道路。特别是党的十八大以来，我国生态文明建设从理论到实践都发生了历史性、转折性、全局性变化。习近平总书记提出创新、协调、绿色、开放、共享的新发展理念和绿水青山就是金山银山的理念，进一步为推进中国式现代化过程中的生态环境治理确立了重大原则。同时，中国不遗余力地推进"双碳"工作，履行对国际社会的庄严承诺，坚定支持《巴黎协定》，坚持真正的多边主义。通过"亚投行""一带一路"等新平台支持全球绿色转型，不断为国际社会尤其是发展中国家提供产业、资金、技术与人才等方面的帮助与支持，推动各方完善全球治理体系，形成应对气候变化的强大合力。[①]这超越了重经济发展不重环境保护的落后发展观，致力于保持现代化发展与环境承载力之间的平衡。其五，要讲清楚中国式现代化在处理国家间、文明间关系的中国特色，即走和平发展道路的现代化。西方一些国家的现代化是通过战争、殖民、掠夺等方式实现的，中国则始终坚持无论国际形势如何变化，无论自身如何发展，永不称霸、永不扩张，始终是世界和平的建设者、全球发展的贡献者、国际秩序的维护者。习近平总书记强调："我国不走一些国家通过战争、殖民、掠夺等方式实现现代化的老路，那种损人利己、

---

① 兰洋：《中国式现代化对后发国家不发展理论的超越》，《西南大学学报（社会科学版）》2023年第3期。

充满血腥罪恶的老路给广大发展中国家人民带来深重苦难。"[①] 在推进中国式现代化进程中，必须坚定站在历史正确的一边、站在人类文明进步的一边，高举和平、发展、合作、共赢旗帜，在坚定维护世界和平与发展中谋求自身发展，又以自身发展更好维护世界和平与发展。

（四）在国际传播方式上善用中国优势

客观审视中国式现代化国际传播所处的时代大势，在国际比较视野下科学研判中国式现代化国际传播的竞争优势，通过充分发挥组织优势、文化优势与技术优势，以激发各类主体活力，将综合国力与国际地位提升的发展优势转化为传播优势，能够有效提升中国式现代化国际传播的整体效能。

其一，善用组织优势，凝聚传播中国式现代化的多样化主体力量。中国式现代化国际传播必须依靠强有力、组织化的领导力量。中国式现代化是中国共产党领导的社会主义现代化，党的领导直接关系中国式现代化的根本方向、前途命运、最终成败。中国共产党的政治领导力、思想引领力、群众组织力、社会号召力，有助于推动全党全社会在中国式现代化国际传播中凝结统一意志、推进统一行动，凝聚起现代化发展的多样化主体力量，更好地办成分散的个体力量难以办成的大事、难事。从制度保障来看，习近平总书记指出："我们最大的优势是我国社会主义制度能够集中力量办大事。这是我们成就事业的重要法宝。"[②] 我国国家制度和国家治理体系，具有坚持全国一盘棋、调动各方面积极性、集中力量办大事的显著优势，由此成功应对了一系列重大风险挑战、克服了无数艰难险阻，始终沿着正确方向稳步前进。具体到国际传播而言，就是要在中国共产党的领导与组织引领下，树立大宣传的工作理念，动员各条战线各个部门一起来做。既要中国共产

[①] 《习近平著作选读》第1卷，人民出版社2023年版，第19页。
[②] 《习近平著作选读》第1卷，人民出版社2023年版，第496页。

党加强同各国各地区政党和政治组织发展交流合作，又要广大留学人员当好促进中外友好交流的民间大使，促进青年、智库、议会、非政府组织、社会团体等的友好交流等。正如习近平总书记所强调的："不仅中央的同志要讲，而且各级领导干部都要讲；不仅宣传部门要讲、媒体要讲，而且实际工作部门都要讲、各条战线都要讲。"[①] 调动多元传播主体广泛参与，从不同层次、不同视角对同一事件进行叙事，形成传播合力。"只有既发挥党和政府主导、引导中国故事传播的根本作用，又激活专业智库、民间团体、自媒体等非政府组织投身中国故事传播的重要作用；既用好国内主流媒体的关键平台与渠道，又用好国际知名媒体的有效平台与渠道，还用好社会组织、人民大众、华人华侨等'文化使者'的重要平台与渠道，才能奏出传播中国故事的'交响乐'。"[②]

其二，善用文化优势，凝聚传播中国式现代化的文化自信力量。文化自信是一个国家、一个民族对自身历史和文化价值的清晰认知、充分肯定和积极践行，是一个国家、一个民族发展中更基本、更深沉、更持久的力量。文化自信自强既是中国式现代化建设的重要内容，也是推进中国式现代化国际传播的重要基础。只有文化自信自强，才能理直气壮地向世界传播自身文化、传播中国式现代化。中华优秀传统文化拥有独具一格的理念、智慧、气质与格局，蕴含着丰厚的思想资源。我国有百万年的人类史、一万年的文化史、五千多年的文明史，中华文明是世界上唯一绵延不绝的文明，创造了众多璀璨夺目的文化成果，书写了人类文明发展史上的辉煌篇章，这给我们的文化自信打

---

① 《习近平关于社会主义文化建设论述摘编》，中央文献出版社2017年版，第211页。
② 王跃、陈金波：《优势·起势·乘势：传播中国故事的三维审视》，《传媒观察》2022年第11期。

下了最深厚的历史根基。当今世界，要说哪个政党、哪个国家、哪个民族能够自信的话，那中国共产党、中华人民共和国、中华民族是最有理由自信的。要在世界各种文化交流激荡的大潮中，时刻保持清醒头脑，坚守中华文化立场，对外宣介、展示好中华文化和中国精神的时代精华，讲好中华文明故事，将文化自信自强融入中国式现代化国际传播的各个方面，着力提高国际传播影响力、中华文化感召力、中国形象亲和力、中国话语说服力、国际舆论引导力。

其三，善用技术优势，凝聚中国式现代化国际传播平台力量。技术赋能中国式现代化国际传播，是当前国际传播的重要趋势，也是推进中国式现代化的重要内容，中国式现代化关键在科技现代化。党的十八大以来，我国科技事业发生了历史性、整体性、格局性重大变化，一些前沿领域开始从跟跑进入并跑甚至领跑阶段，一批关键核心技术攻关取得重大突破，为中国式现代化国际传播提供关键支撑。在我国蓬勃发展的互联网技术支持下，中国新媒体力量在拓宽传播广度、加大传播力度及增强传播实效上取得了显著成绩。中国国际传播平台建设成效显著，5G技术领先世界，而5G等新技术的发展必将为国际传播带来更具沉浸感和参与感的下一代应用与服务，进一步优化传播效果，从而使我国有更好的条件用自己的媒介渠道讲述中国式现代化的故事。除政府部门、主流媒体和跨国企业之外，互联网越来越成为数字时代中国全球传播的重要平台。"近几年，中国互联网平台的'出海'速度加快，以短视频平台抖音海外版（Tik Tok）、音频社交软件造星高手（StarMaker）、视频直播平台比格（BigoLive）、跨境电商平台希音（Shein）和社交游戏平台原神（Genshin Impact）为代表的互联网平台在海外市场获得了不同程度的成功。更值得关注的是，此次中国互联网平台大规模出海不仅提升了中国数字经济产业和互联网产业的全球影响力，还在一定程度上对全球互联网平台的技术和产业模式带来了革新。"① 今后应进一步拓展新技术在国际传播领域的应用,为海外受众提供读懂中国式现代化的一站式平台,通过积极探索人机协同智能翻译、大数据分析研判、生成式人工智能融创产品的开发应用,推动国际传播业务与时俱进、开拓创新,增强国际传播的影响力。

---

① 王沛楠:《从反向流动到模式出海:中国互联网平台全球传播的转型与升维》,《中国编辑》2023年第Z1期。

第四章
构建让世界读懂中国式现代化的工作系统

进一步推动让世界读懂中国式现代化事业，将中国式现代化更全面立体地展现给世界，提高中国式现代化国际传播的亲和力与实效性，需要坚持系统思维，着力构建让世界读懂中国式现代化的工作系统。向世界推广中国式现代化，要遵循国际传播的一般规律，工作系统在构成上包括主体、内容、路径、环境与受众5个基本组成部分。实现工作系统的持续高效运转，要求5个组成部分之间不是简单的加和关系，而是执行着特定的运作机制，具体包括组织推动机制、思想引领机制、媒体融合机制、实践融入机制和反馈评价机制。这些机制既反映着国际传播的基本特点，也体现着中国独特的传播优势。对这些工作机制进行划分当然只是理论上或学理上的认识，系统实际运行过程中它们是共同发挥作用的。根据国内外发展形势对国际传播工作提出的新要求，在充实工作系统基本构成的基础上，持续加强机制建设，是推动让世界读懂中国式现代化事业的必要举措。

一、工作系统的构成要素

分析构成要素反映了对让世界读懂中国式现代化工作系统的平面化呈现。同世界上的绝大多数国际传播工作系统一样，这一工作系统具体由主体、内容、路径、环境与受众5个部分组成。其中主体具体指由谁向世界讲述中国式现代化；内容指现代化国际传播具体包括哪些信息；路径指主体依靠哪些方式方法向世界传播中国式现代化；环境指现代化国际传播的背景与空间；受众则是现代化国际传播的对象与接受者。需要强调的是，自媒体时代的到来和人工智能技术的飞速发展，对各构成要素间的界限造成了强有力的冲击，如受众有时也在工作系统中扮演着主体等角色。

（一）让世界读懂中国式现代化的主体

主体是传播活动的基础构成，在整个活动中扮演着发起者的角色，居于主导地位。在传播学研究中，主体一直备受学者关注。如美国学者哈罗德·拉斯韦尔在1948年发表的《传播在社会中的结构与功能》一书中提出了著名的5W公式，其中排名首位的正是传播的主体，即传播者（谁/Who）。具体到让世界读懂中国式现代化的主体，则可以进一步归纳为党政机关、媒体、社会组织及个人4个部分。

让世界读懂中国式现代化离不开中国共产党和中国政府的统一领导和统筹谋划。在众多主体中，党政机关承担着至关重要的领导者角色。早在社会主义革命和建设初期，党和政府就高度重视对外宣传中国现代化的建设成就。进入改革开放时期，由于中国现代化实践的快速发展和外部环境的改善，党和政府明显加强了相关工作。1979年，邓小平在会见外国代表时，率先提出了中国式的现代化命题。当年3月21日，他在同英中文化协会执行委员会代表团谈话时指出："我们定的目标是在本世纪末实现四个现代化。我们的概念与西方不同，我姑且用个新说法，叫做中国式的四个现代化。"[①] 在此后40余年时间里，党和政府通过发展理论体系、建立专门机构、协调各方力量、策划宣传活动等方式方法，实现了对整个中国式现代化国际传播事业的统筹管理。在这一历史进程中，中国式现代化逐渐为外界所熟知，党和国家

---

① 《邓小平年谱（1975—1997）》上卷，中央文献出版社2004年版，第496页。

在传播主体中的主导地位也不断得到巩固。特别是新时代以来，在以习近平同志为核心的党中央的坚强领导下，各级党政机关更加重视让世界读懂中国式现代化这项重要事业。2016年，习近平总书记在主持召开中央全面深化改革领导小组第三十次会议时强调："软力量是'一带一路'建设的重要助推器。要加强总体谋划和统筹协调，坚持陆海统筹、内外统筹、政企统筹，加强理论研究和话语体系建设，推进舆论宣传和舆论引导工作，加强国际传播能力建设，为'一带一路'建设提供有力理论支撑、舆论支持、文化条件。"[1] 几年来，党政机关自身向国际社会传播中国式现代化的实力及领导统筹能力均得到明显加强。以承担党和国家对外宣介任务的国际传播机构中国外文局为例，通过做好聚焦思想宣介、加强议题设置、深化文化传播、加快技术赋能及推动传播创新等几方面工作，中国外文局成功构建了中国式现代化的战略传播体系，生动讲好中国式现代化的故事，积极推动国际社会更好读懂新时代中国、促进人类文明交流互鉴。[2] 有中国共产党和中国政府的有力领导也是让世界读懂中国式现代化的显著优势。在西方国家，也有专门负责对外传播的机构，但由于党政力量不强，自由主义思潮泛滥及缺乏必要的纪律约束等方面原因，政党和政府不能担负起统领国际传播的重任。这使得西方政府传播现代化发展模式的论调，经常和媒体存在差别，甚至是冲突，进而导致传播资源浪费和效果受损。由此，有党政机关的坚强领导成为中国式现代化国际传播区别于西方现代化传播模式的鲜明体现，也是提高传播强度、增强传播效率的关键一招。

专业媒体是让世界读懂中国式现代化的主渠道。有学者曾对我

---

[1] 《习近平主持召开中央全面深化改革领导小组第三十次会议强调　总结经验完善思路突出重点　提高改革整体效能扩大改革受益面》，《人民日报》2016年12月6日。

[2] 中国外文局：《讲好中国式现代化的故事》，《求是》2024年第7期。

国重大议题的对外传播主体构成进行量化测算，具体方法是对注册地为中国地区（含中国大陆及港澳台地区）及身份标签为海外华人的Twitter账号进行抽取，将身份类型标注为政府、媒体、普通网民、意见领袖（粉丝量超过1万的个人账号）、企业、智库、其他组织机构7类，发现在"人类命运共同体""一带一路""（中国）扶贫""中国梦"等议题上媒体的发声量分别占43.72%、37.46%、70.42%和25.53%[1]，足见其在诸多传播主体中的基础性地位。改革开放以来，特别是中国自2001年加入世界贸易组织后，中国媒体加快了"出海"步伐，在几十年时间里孕育出新华社、人民社、腾讯、抖音等诸多大型国际传播媒体。在各种类型的传播主体中，媒体作为向国际社会传播中国式现代化的主渠道，具有多重独特优势。其一，传播手段多元化。如今一家大型国际传播媒体就掌握着新闻报道、图书出版、现场直播及短视频制作等各种各样的传播方式，再加上国内专注于某种传播形式的新型媒体，我国媒体已经基本上全面掌握可供中国式现代化国际传播使用的各类方式方法。这可以极大丰富中国向世界展现中国式现代化的表现形式，提高传播的吸引力和关注度。其二，传播内容客观性。相比于党政机关，专业媒体会立足于一种更加客观的角度，向世界展现中国式现代化，意识形态色彩相对较弱。这不仅会强化中国式现代化国际传播的专业性，也会降低国际受众的防备、质疑心理，便于其理解接受相关信息。其三，传播效率高效化。媒体积极参与到让世界读懂中国式现代化事业中来，除了承担展现中国形象的社会义务外，还以营利为主要目的。在如今竞争异常激烈的国际传播格局中，媒体想赚取更多的利润，必须时刻追踪国际热点问题，不断提高技术能力，扩大用户规模。这将有助于提升媒体的市场化运作水平，全面提升媒体

---

[1] 向安玲、沈阳：《多种声音，一个方向：国家战略议题的对外传播》，《现代传播（中国传媒大学学报）》2021年第11期。

向世界展现中国式现代化的专业素质。

在让世界读懂中国式现代化工作系统中,社会组织是对党政机关、媒体公司等职业传播机构的重要补充。社会组织主要是指非营利、非政府的民间组织,在跨国行动中以解决对象国或全球范围内的社会问题为职责。社会组织参与国际传播是一种组织化的公共传播。[1]需要说明的是,有些社会组织并非完全不带官方性质,而是国家行政职能的延伸,在实际工作中承担着政府的某些职能,如中国妇女联合会、中国残疾人联合会等,但这并不完全妨碍它们以非政府组织的身份跨国参与国际传播活动。[2]我国社会团体积极参与对外传播中国现代化建设的源头,可以追述至新中国成立初期。当时全国总工会、全国青联、全国妇联、国家体委、影协、新民主主义青年团、中国福利会、中苏友好协会、全国作协、中国红十字会都积极参与新中国的对外交往活动。其中相当一部分社会组织还创办有自己的对外宣传刊物,同时采用国际交流与合作的形式,在同国际友好人士的往来中宣传新中国的社会主义现代化建设成就。[3]在此后长达70余年时间里,它们一直积极参与中国现代化建设的对外宣介活动,是国际社会了解中国的民间渠道。新时代以来,习近平总书记高度重视社会组织在对外树立中国形象方面的重要作用。如2023年习近平总书记致信祝贺欧美同学会成立110周年时强调:"希望广大留学人员弘扬留学报国传统,爱国为民,自信自强,开拓奋进,开放包容,投身创新创业创造时代洪流,助力中外文明交流互鉴,在推进强国建设、民族复兴伟业中书写人生华

---

[1] 宋奇、李智:《人类命运共同体视域下社会组织的国际公共传播研究》,《现代传播(中国传媒大学学报)》2022年第12期。
[2] 李彦冰:《论国家形象传播主体间的关系》,《创新》2013年第1期。
[3] 习少颖:《1949—1966年中国对外宣传史研究》,华中科技大学出版社2010年版,第86页。

章。"①区别于专业宣传机构,作为传播主体的社会组织,其传播优势与特点体现在,他们通常以救灾、环保、扶贫等全球性公益志愿活动为切入点,经过长期的交流合作,使国际社会切身感受到中国式现代化能够为解决国际事务提供支持、贡献智慧。如全球性志愿救援组织红十字会与红新月会国际联合会副秘书长哈维尔·卡斯特拉诺表示:"中国始终不渝地与各国共同应对挑战,为全球安全贡献智慧和方案。"②尽管社会组织的宣传面相对较小,缺乏专业技术,但效果却更为持久。特别是在政府、媒体等职业宣传机构遭遇外部势力打压封锁的情况下,社会组织能够依托非政府、非市场身份,继续同国际社会保持沟通,传达声音与主张,成为中国式现代化国际传播的重要途径。

　　面对整个世界,个人的力量小到可以忽略不计,但有时发出的声音又能够得到全球的注意。比如,革命战争时期,像埃德加·斯诺、艾格尼丝·史沫特莱、埃文斯·福代斯·卡尔逊等外国人,只身一人来到中国共产党领导下的解放区,就红色中国进行了深入报道,并引起国际社会的高度关注。近几年来,由于自媒体技术的快速发展和迅速普及,每个人都可以拿起向全世界发声的麦克风。"当今传播和通信科技的迅猛发展使各类新媒介不断涌现、分裂和整合,一个以个人为主导的新传播时代业已到来。"③区别于其他已经高度组织化的国际传播主体,个体传播在让世界读懂中国式现代化工作系统中的特点体现在个性化突出,顺应了网络时代传播个人化的发展趋势。当前个人向全球传播信息的能力得到了前所未有的增强。在具有世界影响力的社交媒体平台上,一些自媒体账号拥有着上百万,甚至是上千万来自全球

---

① 《习近平致信祝贺欧美同学会成立110周年强调　为党和国家事业发展　广聚天下英才　广集创造伟力　王沪宁出席庆祝大会并讲话》,《人民日报》2023年10月22日。
② 俞懿春等:《为消除国际安全赤字作出中国贡献》,《人民日报》2024年4月21日。
③ 郑智斌、李淑欢:《试论网络时代的个人传播》,《江西社会科学》2008年第8期。

的关注用户。这些用户不仅高度关注自媒体发送的视听产品,还会通过线上评论、线下活动等方式,同创作者进行深入的沟通交流,其影响力可见一斑。具体到中国式现代化国际传播层面,个人传播可以大大丰富中国式现代化的传播视角。它以一种更具生活化、体验感和共情力的传播形态,对国际受众产生强大的吸引力,有利于改变国际社会对中国现代化实践的刻板印象,持续向他们呈现真实具体生动的中国形象。

在具体实践中,让世界读懂中国式现代化工作系统中的传播主体,并不局限于上文提到的4种类别。比如,近年来,随着中国中车、比亚迪、华为、小米等为代表的中国制造业企业、高科技公司在国际上占据更多的市场份额,它们成为世界了解中国式现代化建设成就的重要平台,也在对外传播中国发展理念方面发挥了重要作用;又如,一些国际政客、媒体人、学者也积极参与到中国式现代化的国际传播中来,他们既是中国式现代化的受众,也是传播的主体。总之,随着通信技术的日新月异、中国综合国力的不断增强,让世界读懂中国式现代化工作系统中的传播主体将变得愈加多元化。

(二)让世界读懂中国式现代化的内容

任何传播实践都需要有特定的内容,没有内容的传播是无意义的传播。所谓国际传播的内容,主要指国际传播信道里流通的信息。因此,对传播内容的研究也就是对信息的研究。[1] 同对内传播一样,国际传播也遵循着"内容为王"的基本原则。"内容才是最重要的,只有精彩生动的内容,才能最终赢得受众。"[2] 就现代化的国际传播而言,国际受众对于某一国家现代化建设情况的印象,同该国实际发展情况普遍存在着距离。印象既可能好于实际情况,也可能与此相反,而这种

---

[1] 程曼丽:《国际传播学教程》,北京大学出版社2004年版,第142页。
[2] 刘利群、张毓强:《国际传播概论》,中国传媒大学出版社2011年版,第77页。

距离在很大程度上是由于内容存在偏颇所造成的。让世界读懂中国式现代化的重要目标是向国际社会呈现一个良好的、值得尊重与学习的正面国家形象。这对于中国具有重大意义。有学者指出："国家形象对当代中国来说是最为根本的问题，假如把这个问题解决好了，那么许多其他困惑和难题都可以迎刃而解。""国家形象问题是中国当前最为棘手的问题，国家形象在某种意义上将决定中国改革发展的前途和命运。"[1] 为了既真实充分地呈现中国式现代化的形象，又让世界充分感受其魅力与特色，让世界读懂中国式现代化的工作系统应包含故事、成就与道理3个层面的内容。

让世界读懂中国式现代化，要讲好中国式现代化的故事。叙事是国际传播领域惯用的传播手段。其中国家叙事也叫民族叙事，是指叙事学视野下以民族国家为主体的政治性传播，以对外展现国家形象获得国际认同。各国讲好现代化故事的基础是拥有成功的现代化建设实践，在这方面我国有着充分的信心和底气。正如2014年10月习近平总书记在党的十八届四中全会第二次全体会议上所指出的："我们国家发展成就那么大、发展势头那么好，我们国家在世界上做了那么多好事，这是做好国际舆论引导工作的最大本钱。我们有本事做好中国的事情，还没有本事讲好中国的故事？我们应该有这个信心！"[2] 讲好中国式现代化的故事，光有原料还不够，还要注意加工，首先要凸显其特性。现代化是世界各国的共同追求，各民族通往现代化的道路又是多种多样的。对于中国这样一个曾经在历史上创造出灿烂文化，在近代饱受屈辱，在改革开放后又迅速崛起的大国，其现代化进程中必然蕴含着诸多独具特色的内容。这是中国式现代化区别于其他现代化模式，在

---

[1] 〔美〕乔舒亚·库珀·雷默：《中国形象：外国学者眼里的中国》，沈晓雷译，社会科学文献出版社2008年版，第7、12页。

[2] 习近平：《论党的宣传思想工作》，中央文献出版社2020年版，第120—121页。

让世界读懂中国式现代化

世界现代化之林中别具一格的关键所在,也是中国式现代化能够得到国际社会高度关注的重要因由。在充分阐释中国式现代化所具有的特色的基础上,还要注重讲述中国式现代化历程中蕴含的现代化的一般特征,即共性问题。特别是对于广大发展中国家,在现代化建设的背景、目标及举措等方面,中国同它们有着诸多相似之处。在讲述中国式现代化故事的过程中突出共性,不仅能够引起情感共鸣,也有助于"各国深化对现代化建设规律的认识,为中国式现代化的国际传播奠定基础"[1]。

让世界读懂中国式现代化,要讲出中国式现代化创造的成就。回顾人类的现代化历程,能像中国这般既实现自身快速发展,又为世界作出巨大贡献的实属罕见。在自身发展方面,新中国成立时,党是在国家饱受战争侵扰、社会生产力十分落后的情况下,领导中国人民开启现代化进程的。诚如1954年毛泽东在中央人民政府委员会第三十次会议上所强调的:"现在我们能造什么?能造桌子椅子,能造茶碗茶壶,能种粮食,还能磨成面粉,还能造纸,但是,一辆汽车、一架飞机、一辆坦克、一辆拖拉机都不能制造。"[2] 且自近代以来,多种现代化模式在中国已经有过试验,但从效果上看却均不理想,都以失败告终。在中国共产党的有力领导下,全国人民经过70多年的艰苦奋斗,中国走完了西方发达国家几百年走过的工业化历程。如今中国在许多通用的衡量经济实力的指标中排行世界前列,如中国已经成为世界第二大经济体、第一大贸易国、第一大工业生产国、第一大外汇储备国,等等。中国在发展方面取得的成就可谓世所瞩目。美国中国问题专家扎克·戴奇瓦德指出:"自1990年至2019年,美国的人均GDP增长了大约2.7倍,这听起来令人印象深刻,但是中国的人均GDP增长了32倍,

---

[1] 卢雪:《中国式现代化国际传播的四重路径》,《经济问题》2024年第4期。
[2] 《毛泽东文集》第6卷,人民出版社1999年版,第329页。

增长倍数整整提高了一个数量级。……1990年，中国农村人口中每百户有1台冰箱，今天已变为每百户有96台。1990年，中国只有550万辆汽车；今天，中国有2.7亿辆汽车，其中340万辆是电动汽车，占全球电动汽车总量的47%。"这些翻天覆地的变化使人们认识到，"生活在中国就是生活在一个比地球上其他任何地方发展更快、变化更大的国家"①。中国的现代化进程，不仅造福中国人民，也惠及世界。区别于西方发达国家将本国发展建立在对后发国家的殖民掠夺与商品倾销之上，中国坚持走和平发展的现代化道路，为整个世界的发展作出重要贡献。"改革开放以来，中国累计吸引外资超过1.7万亿美元，累计对外直接投资超过1.2万亿美元，为世界经济发展作出了巨大贡献。国际金融危机爆发以来，中国经济增长对世界经济增长的贡献率年均在30%以上。这些数字，在世界上都是名列前茅的。"②中国为后发国家进行现代化建设作出的贡献更为突出。新中国成立以来，"中国累计对外提供援助资金4000多亿元人民币，帮助受援国实施各类援外项目5000多个，派遣60多万援助人员，为120多个发展中国家落实千年发展目标提供帮助。向37个最不发达国家提供97%税目输华产品零关税待遇，2017年减税税款13亿元人民币"③。这些数据与事实，充分说明了中国式现代化在促进中国发展、助力世界繁荣两方面取得的历史性成就，为在国际上树立正面形象提供了充足论据。

让世界读懂中国式现代化，要讲透中国式现代化蕴含的道理。要想让中国式现代化在世界范围内传得开、叫得响，不仅要讲好故事、摆清数据，更重要的是讲深讲透背后的道理。西方现代化模式之所以

---

① 王峰：《国际社会对中国式现代化世界意义的认知与评价》，《华东理工大学学报（社会科学版）》2023年第6期。
② 习近平：《共担时代责任　共促全球发展》，《人民日报》2017年1月18日。
③ 《中国向联合国提交的〈国家人权报告〉》，《人民日报》2018年10月19日。

受人追捧，除了其在实践方面取得成就外，也离不开必要的理论支撑。资产阶级在运用资本的力量塑造一个新世界的同时，也创造了一套解释世界的话语体系。"毫不夸张地说，今天主导我们理解现代化的一整套知识系统就是自启蒙运动以来西方思想家建构的结果。"[①] 在中国式现代化的宏伟历程背后，同样蕴含着深邃的道理，而中国能否掌握这些理论的阐释权，将在很大程度上决定中国式现代化国际传播的效果。为此，我们要加深中国式现代化话语体系的理论厚度。在加快构建中国特色哲学社会科学体系的基础上，从理论上讲清楚中国式现代化来自何处、为何成功、走向何方等基本理论问题。总之，让世界读懂中国式现代化的重要前提是将解释权牢牢地掌握在自己手中，这需要我们加快构建中国自主的现代化知识体系，实现对西方现代化理论的解构与超越。

（三）让世界读懂中国式现代化的路径

路径是传播主体与受众之间的连接通道，也是承载传播内容的载体。让世界读懂中国式现代化的路径可以大致分为两类，一类是以新闻、电影、短视频为代表的媒体路径，这也是世界各国人民了解中国式现代化发展情况的主渠道；一类是非媒体路径，具体包括对外交往、国际旅游、企业宣传等多种多样的政治经济活动。相比于前者，非媒体路径的传播面相对较窄，但对于受众的影响则可能更加深刻持久。

让世界读懂中国式现代化的媒体路径。媒体是最常见的国际传播路径，从最初的书刊、报纸、电报、电话、广播，到现如今的电视、电影、网络聊天工具、视频平台，它们都曾在不同时期担任过国际传播的重要信息通道。国际传播实践表明，谁能掌握多数信息传播渠道，谁就能掌握传播的主导权。早在20世纪初期，西方国家就试图通过

[①] 李嘉莉：《中国式现代化：何以从本土叙事转向世界话语》，《马克思主义研究》2023年第4期。

操控媒体来影响国际舆论,最终达到其维护世界霸权地位的目的。英国学者爱德华·卡尔曾指出:支配舆论的权力是国际政治权力的重要方面,而支配国际舆论的大众媒体就成为影响国际政治变革的重要手段。[①]近年来随着发展中国家的群体性崛起,各国普遍将发展对外媒体作为给本国现代化创造有利外部条件、提高自身现代化模式全球影响力的关键一环。相比于让世界读懂中国式现代化的其他路径,媒体路径的首要特点体现在覆盖面广。例如,中央广播电视总台的中文国际频道、英语新闻频道、西班牙语国际频道、法语国际频道、阿拉伯语国际频道、俄语国际频道通过卫星传送基本覆盖全球,并在北美、欧洲、非洲、亚洲、大洋洲和中南美洲的120多个国家和地区实现了落地入户。其中,隶属于中央广播电视总台的中国国际电视台是中国面向全球播出的主要新闻国际传播机构,自2016年底成立以来,已开办6个电视频道、3个海外分台、1个视频通讯社和新媒体集群。[②]中国媒体延伸到哪里,哪里就可以听到中国式现代化的声音和主张。媒体路径的另一个特点是专业化强。从事媒体工作的人员,多是有着传播学专业背景、拥有丰富实际工作经验、掌握国际传播规律的专业工作者。他们可以根据中国式现代化国际传播面临的形势、主要内容及受众特点,通过主动设置议题、集中传播力量与运用智能推送等较为专业化的方式,提升中国式现代化的国际传播效果。此外,媒体路径还拥有效率高、受众集中及形式多样等多重优势。

除了专业媒体以外,政治活动和日常生活也是国际受众了解中国式现代化的重要路径。让世界读懂中国式现代化的政治活动路径主要

---

① 〔英〕爱德华·卡尔:《20年危机(1919—1939):国际关系研究导论》,秦亚青译,世界知识出版社2005年版,第103页。
② 陈云松、柳建坤:《当代中国国际传播:受众特征与提升路径》,《中国浦东干部学院学报》2022年第3期。

是指国际社会通过大型政治会议、对外交往活动等重大政治活动得到有关中国式现代化的信息。一般而言，随着国家实力的不断上升，对外交往活动将更加频繁，国内召开的重要会议也愈发引人关注，这便为国家宣传自身现代化建设理论与实践创造了平台。在这方面中国共产党有着丰富的工作经验。我们党一直把举办重大政治会议作为向国际社会传达社会主义建设方针政策的重要契机，并收获了较好的传播成效。如邓小平曾在党的十一届三中全会上，正式作出把党的工作重心转移到社会主义现代化建设上来的战略决策，在国际社会上引起了强烈反响。距1978年12月22日十一届三中全会闭幕还不满两天，日本时事社和共同社分别以《为实现"四个现代化"重整阵容》《三中全会强调安定团结，是走向现代化的跳板》为题发表评论，称"这次全会是走向现代化的正式开端"[1]。在此前后，法新社、德新社、《基督教科学箴言报》等具有全球影响力的国际媒体也对十一届三中全会进行了正面报道，[2] 对中国致力于现代化建设的主张给予了肯定。这在一定程度上为中国实行改革开放政策提供了有利的外部舆论环境。40多年后，党的二十大召开时，更是吸引了2500名境内外记者报名参加大会采访报道工作，路透社、美联社、日本共同社等媒体对这次大会予以了重点报道。在这次大会的诸多重点议题中，中国式现代化受到国际社会的格外关注。[3] 除了隆重举办政治会议，对外交往活动也是中国向世界展现中国式现代化的重要平台。特别是新时代以来，中国通过举办一系列重大主场外交活动，深入参与其他多边外交活动，向世界广泛宣传了中国式现代化建设理念。让世界读懂中国式现代化政治路径的优

---

[1] 《中共三中全会是一次非常重要的会议》，《参考消息》1978年1月25日。
[2] 吴文珑：《中共十一届三中全会的国际传播和国际评价研究（1978—1979年）》，《当代中国史研究》2023年第3期。
[3] 赵启威：《英文世界关于中共二十大的若干认知》，《国外理论动态》2022年第6期。

势主要体现在，能够在一段时间内吸引国际社会的高度关注，这不仅为传播创造了空间，也便利于掌握议题设置的主动权，进而为中国式现代化的国际传播创造有利条件。

日常生活也是国际社会感知理解中国式现代化的重要路径。如果说媒体路径和政治路径是两种相对主动的中国式现代化传播方式，生活路径则带有明显的隐性传播特点。与这类传播路径相关的活动，本不是以让世界读懂中国式现代化为主要目的的，如跨国企业以营利为目标，国际旅游业以满足游客休闲放松的需求为服务宗旨，但它们在实际运作中，又都在不同程度上发挥了传播本国现代化发展情况的作用。如以肯德基、麦当劳为代表的美国快餐业，苹果、微软为代表的美国高科技产业，在风靡全球赚取高额利润的同时，也宣扬了美国的强国形象，并在广告营销等活动中鼓吹西方价值观念。近年来随着中国高科技企业的加速出海、国际旅游事业的蓬勃发展及全球范围内兴起的中国文化热，让世界读懂中国式现代化的生活路径也实现了延伸和扩展。如到中国旅游以及在华留学的外国人在亲身感受中国的发展状况后，普遍对中国式现代化建设取得的成绩表示高度肯定。在中国学习生活十余年的泰国留学生诺鲁布拉直言："'没有调查，就没有发言权。只有来中国走走看看，才能真正读懂中国，才能了解中国的实际情况。'他说，中国式现代化不仅推动城市发展，也惠及乡村，比如'我发现即便是在乡村集市上卖衣服、蔬菜的摊位，也都可以使用移动支付。'"诺鲁布拉还通过在海外社交媒体上开设账号等形式，广泛宣传中国在经济社会、乡村振兴、科技创新等方面取得的一系列现代化建设成果。[①]也有学者通过量化研究得出结论：来华旅游、与中国人交往等直接经验在改变国际受众对中国刻板印象上的作用，要明显好于

[①] 张博岚等：《感知中国 增进友谊 "留学中国"故事》，《人民日报》2024年4月1日。

涉华新闻发挥的作用，"在国际化的今天，国际交流越来越频繁，人际交往、旅游在国际交流中扮演了重要的角色，成为国与国之间直接经验的集中体现，直接经验无论在提高美国人对华的了解程度还是提升其对华态度均具有显著的影响"[①]。让世界读懂中国式现代化生活路径的特点体现在，它是一种体验感更强的传播形式。依靠生活路径，国际人士不是通过外界输出来获得认识，而是在工作生活中内化形成对于中国式现代化的理解。它们不仅是中国式现代化形象的接受者，也是中国式现代化形象的制造者和宣传者。这使得中国式现代化的形象变得更加生动具体。

（四）让世界读懂中国式现代化的环境

有关中国式现代化信息的输出与接收都要在特定的环境中进行，环境是影响传播效果的重要因素。总体上看，让世界读懂中国式现代化的环境，由国内环境和国际环境两部分构成。国内环境是国际传播的基础，关系到传播战略的制定、传播内容的供给和物质技术的支撑。中国式现代化国际传播的多数环节要在国际环境中完成，国际环境会对传播内容、方式及成效产生显著影响。

从国内环境方面看，党的十八大以来，以习近平同志为核心的党中央高度重视国际传播工作，我国国际传播体系建设取得重大进展，国际传播实力显著增强，为让世界读懂中国式现代化奠定了重要基础。首先，着眼于国内外舆论环境的发展变化，提出了构建具有鲜明中国特色战略传播体系的宏伟目标。新时代以来，习近平总书记高度重视国际传播工作，作出了一系列重要论述。特别是2021年，习近平总书记在中共中央政治局第三十次集体学习时，在充分阐述国际传播工作面临的形势、承担的使命及发展的意义后，提出了"必须加强顶层

[①] 苏林森：《美国人眼中的东方巨龙：涉华新闻关注与美国人对中国的认知、态度的关系》，《国际新闻界》2018年第5期。

设计和研究布局，构建具有鲜明中国特色的战略传播体系，着力提高国际传播影响力、中华文化感召力、中国形象亲和力、中国话语说服力、国际舆论引导力"的国际传播建设目标。[①] 这进一步明确了国际传播工作在国家发展全局中的关键性地位，也为中国式现代化国际传播指明了发展方向。其次，在党中央的有力领导下，我国国际传播能力建设取得显著进展。这具体表现在理念创新、发展媒体、制度保障等多个方面；从效果上看，国际社会对中国理念的认同度迅速提升，中国国际形象得到明显改善，"一项对全球22个国家1.1万名受访者的调查显示，党的十八大以来，中国国家形象明显提升，超过半数认为中国'历史悠久、充满魅力'，超过六成认同中国对全球治理的贡献"[②]。除了传播层面，中国式现代化本身的繁荣发展也是提升其国际影响力的基础与前提。"以历史唯物主义视野来看，话语权本质上是国家经济、政治、军事、文化等多重力量的外化与折射，话语权的强弱不仅取决于话语本身的辞令技巧，更取决于以经济和科技实力为基础的综合国力。"[③] 中国式现代化在经济、政治、文化、社会、生态、军事、外交及党的建设等方面取得的显著成就，不仅为其国际传播提供了素材，也增强了自信与底气。

从国际环境看，当今世界面临百年未有之大变局，进入变乱交织的动荡期，为国际社会认识了解中国式现代化既创造了机遇，也制造了挑战。首先，全球范围内出现的严重赤字，迫切呼唤新的发展方案。在和平方面，地缘政治风险陡然加剧，世界格局中出现的"集团化"

[①] 《习近平在中共中央政治局第三十次集体学习时强调　加强和改进国际传播工作　展示真实立体全面的中国》，《人民日报》2021年6月2日。
[②] 中共中央宣传部：《中国共产党宣传工作简史》下册，人民出版社2022年版，第638—639页。
[③] 沈泉鑫：《提升中国式现代化国际话语权：契机、挑战与路径》，《当代世界社会主义问题》2023年第4期。

趋势给和平发展构成严重威胁；发展方面，据联合国《2021年可持续发展目标报告》显示，2020年全球共有1.19亿至1.24亿人重新回到极端贫困状态，全球极端贫困率出现20多年来的首次上升，联合国2030年消除贫困的目标面临重挫；安全方面，逆全球化思潮抬头，单边主义、保护主义明显上升，局部冲突和动荡频发，全球性问题加剧，世界进入新的动荡变革期；治理方面，供需严重失衡，一方面全球问题不断涌现，各国对全球治理的需求日益增加，另一方面，各国特别是发达国家治理供给的意愿和能力却严重下滑，在移民、难民等问题上推卸责任，为全球健康发展埋下严重隐患。此外，"地区冲突、军备竞赛、粮食安全、恐怖主义、网络安全、气候变化、能源危机、重大传染性疾病、人工智能等传统和非传统安全问题交叉叠加，人类共同生活的这颗美丽星球面临严重威胁"①。在"世界怎么了，我们怎么办"的世纪之问面前，中国给出了中国式现代化的中国方案。从反馈看，中国式现代化正成为越来越多国家在解决发展赤字，实现向前发展时的重要参照对象。如意大利经济发展部前副部长米凯莱·杰拉奇明确表示："中国对世界的贡献不仅在于实质性合作，还在于思想性指引。中国提出的倡议和方案，是在实践中不断总结出来的，这些经验也能为其他发展中国家的发展提供借鉴和启发。"②其次，发展中国家群体性崛起及其对破解自身发展问题的渴望，为中国式现代化在欠发达地区的传播创造了有利条件。以"金砖国家"为代表的发展中国家群体性崛起是近代以来国际力量对比中最具革命性的变化。而这些国家曾因盲目模仿西方发展模式而长期陷入发展停滞，以及在走上适合本民族国

---

① 中华人民共和国国务院新闻办公室：《共建"一带一路"：构建人类命运共同体的重大实践（2023年10月）》，《人民日报》2023年10月11日。
② 王骁波等：《携手应对挑战 创造更多机遇（权威论坛）》，《人民日报》2024年4月15日。

情的发展道路后迅速实现崛起的历史,从正反两方面告诉他们走独立自主发展道路的极端重要性。在这方面,中国有着尤为丰富的发展经验可供其他国家借鉴学习。再次,绝大多数发展中国家距离真正实现现代化仍有相当长的一段路要走,而且仍面临来自发达经济体的需求减弱、短期资本无序流动以及经济结构失衡等多重风险挑战。[1]这使得拥有一样经历和正面临相似难题的中国的发展经验更加具有可借鉴性。最后,西方国家对中国快速发展的遏制心理及其实践,将会对中国式现代化在国际范围内的传播造成阻碍。以美国为首的西方国家为延缓中国发展,破坏中国同其他国家的关系,大肆鼓吹"中国威胁论""中国崩溃论""中国崛起顶峰论"等错误论调。当前,中国的国际传播实力在整体上同西方发达国家仍存在一定距离。部分外部势力通过操控媒体,不仅导致西方民众对中国式现代化形成刻板印象,甚至还严重影响了非洲等欠发达地区对中国发展的理解与认识。[2]综上,国内外环境是让世界读懂中国式现代化工作系统的关键构成要素,我们一方面要注重营造良好国内环境,另一方面也要善于引导国际环境朝着有利于各国人民充分认识中国式现代化的方向发展。

(五)让世界读懂中国式现代化的受众

在一切传播活动中,受众既是传播的起点,也是传播的终点。特别是在大众传媒时代,传播的中心已经由"传者中心"过渡至"受众中心"。[3]这说明了受众在传播系统中的重要地位。具体到国际传播的受众,主要指跨国信息传播的对象和信息交流的参与者,包括读者、听众、观众、用户或网民。一般以本国国界以外的人士为主,包括不同

---

[1] 沈铭辉、葛伟:《新兴经济体群体性崛起及其外部风险》,《亚太经济》2013年第5期。
[2] 马龙、李轶伦、陈奕博:《中国式现代化国际传播的机遇挑战及推进策略》,《管理学刊》2023年第6期。
[3] 〔英〕丹尼斯·麦奎尔、斯文·温德尔:《大众传播模式论》,祝建华、武伟译,上海译文出版社1987年版,第102—114页。

国家或地区、不同语言、不同文化的群体。[1]从受众的角度实现中国式现代化信息的有效传达，要经过"获取或接收→过滤→整合→重构→认同或接纳"5个环节。[2]区别于以报纸、电视、广播为代表的传统媒介时代，受众更多承担信息接收者的角色，在网络时代受众深度参与到国际传播过程中来，他们扮演着信息接收者和创造者的双重角色，并成为各媒体竞相争夺的首要媒介资源。"在全球化的背景下，大型媒体集团和一些小型自媒体纷纷开始抢占国外市场，视国际受众为一种媒介资源，而后者能够供能于媒介机构。于是，注意力成为稀缺资源，媒体拥有越多受众注意力就意味着拥有越强的市场竞争力和资源转化能力。"[3]在自媒体等传播技术的加持下，国际传播受众的个体化、自主化和多元化特征愈发凸显。这也使得受众已成为让世界读懂中国式现代化工作系统的重要变量。充分理解受众的前提是对他们进行科学分类，分析其特点，进而为调整传播内容、制定传播策略提供有效参考。

媒介的角度是对国际传播受众进行分类的基本视角。如按照媒介类别分类，中国式现代化国际传播的受众可以分为主要通过报刊、广播及电视等传统媒体接收信息的受众和新媒体时代的网络自媒体用户。对于前者，由于其接收信息的途径相对有限，长期受西方媒体影响，对中国的发展情况多持有刻板印象。媒体利用话语权可以根据主观意愿任意地构建他国形象，将他国形象固化在一个相对恒定的模式之中，并将一些具体的印象泛化并固定。[4]在短时间内无法改变西方媒体的情况下，要改变这些受众对中国式现代化的固有印象，有必要将中国掌

---

[1] 刘燕南、史利：《国际传播受众研究》，中国传媒大学出版社2011年版，第29页。
[2] 徐占忱：《讲好中国故事的现实困难与破解之策》，《社会主义研究》2014年第3期。
[3] 陈云松、柳建坤：《当代中国国际传播：受众特征与提升路径》，《中国浦东干部学院学报》2022年第3期。
[4] 〔美〕沃尔特·李普曼：《公共舆论》，阎克文、江红译，上海人民出版社2002年版，第154页。

握的传统媒介资源延伸到西方社会，通过在地化媒体向西方社会呈现真实的中国式现代化。对于后者，中国则要进一步提升网络自媒体的发展水平，进一步扩大用户规模，打造传播中国式现代化的网络平台。

　　社会的角度是对国际传播受众类型进行划分的另一个重要视角。具体包括将居住地、种族、文化传统等标准作为类型划分的主要依据。如有学者依据文化情况，将国际传播受众分为汉语言文化圈内、中华文化影响圈内、中华文化影响圈外的三类受众。[①] 由于中国式现代化是一种植根于中华文明的现代化发展模式，受众的文化背景是影响传播效果的重要因素。其中汉语文化圈更多是指海峡两岸及香港、澳门民众以及散居在世界各地的通晓汉语的华人、华侨。文化、语言上的共同性，不仅使他们相对容易获取中国媒体有关中国式现代化的报道，而且也使他们从内心深处对中国式现代化的蓬勃发展抱有期待，容易引起情感共鸣。如党的二十大闭幕后，巴西江门五邑青年联合总会会长陈文添表示："一个强大的祖国是广大旅居海外华侨华人的坚强后盾，一个社会稳定和经济强劲的中国则是全世界共同的福祉，中共二十大提出以中国式现代化推进中华民族伟大复兴，向全世界展现了中国智慧、中国方案、中国路径、中国力量，是海内外中华儿女的共同期盼，对中国未来的发展充满信心和期待。"[②] 因此，汉语文化圈的受众是中国式现代化国际传播必须率先掌握的重要群体，他们对中华文化的天然亲近性，同其他国际受众的密切联系，能够使他们成为向世界传播中国式现代化的重要外在力量。中华文化影响圈是指历史上曾经深受中华文化影响的国家和地区，包括日本、越南、朝鲜、韩国、缅甸、泰国、柬埔寨、老挝、蒙古等。这些国家对中国式现代化抱有的情感较

---

① 程曼丽：《中国电视对外传播的受众观》，《新闻与写作》2010年第8期。
② 《"中国式现代化"引侨都江门侨界热议》，《中国新闻网》，https://www.gqb.gov.cn/news/2022/1025/55368.shtml。

为复杂。一方面，他们对中华文化有亲近感，中国发展能够增加他们的产品出口和劳动力输出，为其带来实在的利益。同时文化上的相近性，也便于他们学习中国的发展经验。这使得他们通过各种渠道密切关注着中国式现代化的各类报道，并从中获取有利信息。如日本经济学家关志雄认识到："中国的崛起也给中日关系带来了巨大变化。对于日本而言，中国从援助对象国变成了对等伙伴国，而且中国不仅作为生产工厂，其作为市场的重要性也越发显著。此外，中国在世界贸易中所占的份额不断扩大，几乎所有的国家和地区在进出口两方面对中国的依赖度都有所上升。尤其是对于日本、韩国、马来西亚、越南等大多数亚洲国家和地区来说，中国已成为其最大的贸易伙伴。"[1] 另一方面，受"中国威胁论"等错误论调的影响，他们对中国的富强又存在一定的畏惧心理。这要求我们在中国式现代化国际传播中，注意树立可敬、可爱的中国形象，客观阐述中国发展为周边国家带来的好处，打消他们不必要的疑虑。中华文化影响圈之外的受众主要指欧美、亚非拉等地区的国家。向这类受众传播中国式现代化理念，不仅要跨语言，而且还面临着跨文化的问题。关于让世界读懂中国式现代化受众的分类，还可以在上述基础上作进一步的细分。如根据收入水平和社会地位的不同，分为精英受众和一般受众；按照传播所预设的对象，分为目标受众和非目标受众；按照所偏好的信息类别的不同，又可以分为新闻受众和非新闻受众等等。[2] 对于受众的充分理解，是加强中国式现代化分众传播，提高国际传播效能的重要一环。

---

[1] 成龙、张乐：《日本学界关于中国式现代化的若干认知》，《国外理论动态》2023年第1期。
[2] 刘燕南、史利：《国际传播受众研究》，中国传媒大学出版社2011年版，第38页。

二、工作系统的运作机制

在让世界读懂中国式现代化的工作系统中，传播主体、内容、路径、环境与受众等构成要素之间并非简单的串联式关系，而是以有机形式耦合在一起，通过多种工作机制的复杂配合，将多种多样的中国式现代化信息源源不断地传递给国际受众。这里的运作机制，主要指中国式现代化对外传播系统各组成部门之间及其内部相互作用的过程与方式。具体包括组织推动机制、思想引领机制、媒体融合机制、实践融入机制和评价反馈机制。其中组织推动机制提供了系统运行的动力，思想引领机制提高了整个系统的运作效率，媒体融合机制加快了信息的传输，实践融入机制拓宽了传播的路径，评价反馈机制提高了系统的灵活性。这些机制既遵循了现代化国际传播的一般规律，也集中反映了中国在对外传播中国式现代化方面的独特优势。

（一）组织推动机制

对于国际传播这样一项面对全球亿万受众、牵涉众多领域，既要求始终保持高效运转，又必须对突发事件作出准确判断回应的系统性工程，需要一种强大的力量在其中发挥统筹协调作用。从国际经验和中国实际来看，只有拥有强大领导力的组织能够承担起这一重任。美国之所以能拥有强大的话语权，离不开它建立的高度集中统一的国家战略传播机制，"在这一架构中，全部的战略传播活动由国家安全委员会统领，并直接向总统负责。"[1] 新时代以来，中国国际传播实力得到显著提升，也得益于党中央的强大引领力和各级各类组织体系的协同执行。如习近平总书记曾明确要求各级党委（党组）："要把加强国际传播能力建设纳入党委（党组）意识形态工作责任制，加强组织领导，

---

[1] 赵良英：《美国国家战略传播体系研究》，武汉大学出版社2017年版，第63页。

加大财政投入，帮助推动实际工作、解决具体困难。"[1] 党的二十届三中全会提出的推进构建各领域协调配合、多主体协同发力的国际传播格局要求，也表明加强组织联动是构建更有效力的国际传播体系的内在要求。[2]

强调全党动手、集中力量办大事、充分发挥组织力量是党和国家在领导对内、对外传播工作中的一贯做法。比如刘少奇曾指出："我们党从最初建立起，就是全党作宣传的。"[3] 新时代以来，习近平总书记高度重视在宣传思想文化工作中充分发挥党的组织力量与组织优势，如他曾在2013年召开的全国宣传思想工作会议上指出："做好宣传思想工作仅靠宣传思想部门是不够的，必须全党动手。"[4] 也有学者指出提升国际传播的影响力和有效度，需要整合多方面的资源和力量："应该建立外交、外宣、外经外贸部门之间的工作协调机制。构建大外交、大外贸、大外宣的工作格局。"[5] 让世界读懂中国式现代化工作系统中的组织推动机制主要包括两方面意涵：一是在量的维度，使党政机关、主流媒体、社会组织和个人一同参与到对外传播中国式现代化工作中来，扩充和集中对外传播力量。二是在质的维度，使国际传播工作能够在党和国家的政治传统中汲取文化滋养。如重视组织建设、长于调查研究、严格纪律要求及强调制度建设等政治文化，便在我国国际传播工作系统的设计与运转中得到了充分呈现。

在让世界更好读懂中国式现代化工作系统中，更好发挥组织推动机制作用，需要着重做好以下几方面工作。一是充分发挥党的领导优

---

[1] 《加强和改进国际传播工作 展示真实立体全面的中国》，《人民日报》2021年6月2日。
[2] 《党的二十届三中全会〈决定〉学习辅导百问》，学习出版社、党建读物出版社2024年版，第91页。
[3] 《刘少奇选集》（下），人民出版社1985年版，第83页。
[4] 《习近平关于社会主义精神文明建设论述摘编》，中央文献出版社2022年版，第4页。
[5] 叶皓：《公共外交与国际传播》，《现代传播》2012年第6期。

势。让世界读懂中国式现代化，在价值上关乎中国国际形象，在内容上涉及各领域工作，在对象上面对数以亿计的受众，对于这样一项意义重大、工作繁重的浩大工程，必须有强大的力量统领全局，发挥中国共产党的领导优势。对此，习近平总书记曾明确作出指示："各级领导干部要主动做国际传播工作，主要负责同志既要亲自抓，也要亲自做。要加强对领导干部的国际传播知识培训，发挥各级党组织作用，形成自觉维护党和国家尊严形象的良好氛围。"[1] 在党的坚强有力领导下，一大批党员干部通过加强地方国际传播媒体建设、使用社交媒体分享视听作品及面对面地向国际人士介绍中国式现代化发展情况等各种方式，深入参与到中国式现代化的对外传播中来。事实证明，党的坚强有力领导是新时代中国式现代化对外传播工作焕然一新的重要原因，也是区别于西方现代化传播模式的独特优势。

二是加强对外传播机构的专业能力。在读懂中国式现代化的组织推动机制中，党组织的领导作用主要体现在明确目标、调度力量和提供物质政策支持上，实际工作则主要由负责国际传播工作的党政机关、设有对外传播业务的专业媒体等专业传播机构负责。对外传播机构的建设规模与工作水平将在很大程度上影响中国向世界传播介绍中国式现代化的效果。党中央也对这方面工作予以了重点关注。如在党政机关建设层面，为进一步理顺内宣外宣体制，党中央曾于2014年3月将中共中央对外宣传办公室（国务院新闻办公室）并入中共中央宣传部，中共中央宣传部加挂国务院新闻办公室牌子，并明确赋予中央宣传部（国务院新闻办公室）负责指导协调对外宣传工作，组织开展新闻发布工作，联系外国政府新闻管理机构、主要新闻媒体和智库等6项职责。[2]

---

[1] 《习近平在中共中央政治局第三十次集体学习时强调　加强和改进国际传播工作　展示真实立体全面的中国》，《人民日报》2021年6月2日。

[2] 中共中央宣传部：《中国共产党宣传工作简史》下册，人民出版社2022年版，第633页。

在主流媒体的对外业务建设方面也取得重大进展。集体"出海"是近年来中国媒体采取的重要改革举措，并取得了显著成效。中国的新闻媒体频道组团在Facebook上获得极高的关注度，中国国际电视台、《中国日报》、《人民日报》、新华社分别为最受用户欢迎新闻频道的前四位。CGTN更以超过一亿订阅用户规模位居第一。[1] 对外机构在部门设置上坚持科学管理，规模实力上继续做大做强，方式方法上持续加强创新，方能为组织推动机制在中国式现代化对外传播系统中发挥承上启下的关键作用，奠定重要基础。

三是充分发动各方面社会力量。在自媒体时代，向世界分享中国式现代化信息的工具已经不单单掌握在专业传播机构手中，任何组织或个人都可以在不经受任何专业训练的情况下，参与到让世界读懂中国式现代化的事业中来，并可能发挥出令人意想不到的积极作用。例如，在国际社交媒体上，得到广泛关注的李子柒、办公室小野、滇西小哥、阿木爷爷等普通人就是其中的典型代表，他们既着重分享中国的美食、美景，也讨论中国的社会现象和热点话题，引发国际社会对中国式现代化建设与成就的高度关注。针对当前新媒体人员和网络"意见领袖"正成为塑造中国形象重要力量的新趋向，习近平总书记明确提出："要把这些人中的代表性人士纳入统战工作视野，建立经常性联系渠道，加强线上互动、线下沟通，引导其政治观点，增进其政治认同。"[2] 对于这部分社会群体，党和国家既要给予其充分的自由度，让他们在国际社会上尽情展示自我，又要因势利导，主动把他们纳入到向世界呈现中国式现代化的工作系统中，把信息流转换成影响流，[3] 提升中国式现代化国际传播的丰富度和亲和力。国际传播工作体系是具

---

[1] 王润珏：《社交媒体空间的国际传播竞争格局与发展态势》，《对外传播》2020年第9期。
[2] 《习近平谈治国理政》第2卷，外文出版社2017年版，第325页。
[3] 吴瑛、乔丽娟：《文化强国建设的全球传播战略与路径》，《对外传播》2021年第6期。

有跨文明、跨国界、跨领域特点的复杂工作系统，效率将决定其能否在国际文化激荡中掌握主动权。既要注重运用思想引导的方式，提高各传播主体讲好中国故事的责任感，也要运用表彰奖励、市场激励等手段强化更好传播中国声音的主动性。

让世界读懂中国式现代化的组织推动机制在构成上呈金字塔形。顶端的党组织是整个机制的领导者，党组织同时通过对组织推动机制的领导，实现对整个工作系统的统筹管理；中间部分是专业宣传机关，他们是工作系统的运行中枢；底端则是参与到中国式现代化对外传播事业中的社会大众，他们人数众多，虽缺乏专业指导和传播经验，但却能给整个系统注入生机与活力。"面对全球一张网，需要全国一盘棋。中国国际传播要汇聚各方优势，形成有机体系，充分发挥媒体、智库等'桥接型'组织作用，逐步形成稳定的全球交流平台和持久的国际合作机制，共同努力促进国际传播能力建设与战略传播体系构建。"[1]总之，让世界读懂中国式现代化不仅是国家对外宣传部门的工作，而且是一个政府主导下有政府、企业、社会组织和公民个人共同参与的全民事业。这就要求建立贯通有机的组织体系。贯通强调从中央到地方，由国内到国外，凡是具有重要国际传播功能或属性的单位或群体都应被纳入到传播体系中来，加强管理和服务；有机则要求根据传播技术的迭代升级、国际受众的信息接受状态，不断对传播主体的职任、功能和结构进行调整优化。组织推动机制集中反映了将各界力量整合在一起，既使他们在工作系统中各司其职、发挥优势，又能够壮大中国式现代化对外传播声势的战略传播思维。

（二）思想引领机制

每一个现代国家自身发展模式与经验的国际传播，看上去总是显

---

[1] 于运全：《着力加强国际传播能力建设与体系构建》，《红旗文稿》2023年第22期。

得林林总总，但归纳起来又发现其遵循着特定的理论与价值。如无论是美国、英国还是其他西方国家，在向世界输出自身发展理念时，总是打着以"民主""自由"为代表的资产阶级价值旗号。这不是一种巧合。"统治阶级思想在每一时代都是占统治地位的思想。这就是说，一个阶级是社会上占统治地位的物质力量，同时也是社会上占统治地位的精神力量。"[1]对于资产阶级来说，这种思想的统治欲不分国内还是国外。

在对外传播工作中，党和国家也高度强调思想理论上的统一性。早在1952年8月，中共中央颁布的《关于国际时事宣传的决定》便明确规定："国际时事的报道和评论，完全集中于中央，经中央审查后，统一由新华社和《人民日报》发表。中央其他报纸及各地报纸除刊载新华社和《人民日报》的报道和评论外，在未得中央同意和批准以前，不得发表任何报道和评论，如有必要发表者，须先经中央批准。"[2]不过不同于西方国家以向其他国家输出发展模式，大搞文化霸权为目的，社会主义中国在坚持互相尊重、平等互利对外交往基本原则的前提下，将思想引领机制作为赋予中国式现代化鲜明标识、提高传播效率的重要手段。历史地看，党和国家领导人一直高度重视对中国现代化发展进行理论构建，从毛泽东思想到邓小平理论、"三个代表"重要思想和科学发展观，都包含着对如何在中国进行社会主义现代化建设的深邃思考。这些经典理论著作不仅为中国进行社会主义现代化建设提供了理论遵循，也是开展对外传播工作的根本理论指导。特别是党的十八大以来，以习近平同志为核心的党中央，坚持守正创新，不断实现理论和实践上的创新突破，成功推进和拓展了中国式现代化。实践已经

---

[1]《马克思恩格斯全集》第3卷，人民出版社1960年版，第52页。
[2] 中国社会科学院新闻研究所编：《中国共产党新闻工作文件汇编》中卷（1950—1956），新华出版社1980年版，第229页。

充分证明，党的创新理论对于中国式现代化国际传播的重要引领价值。

在让世界读懂中国式现代化工作系统中，为更好发挥思想引领机制的统一思想作用，提高传播效率，首先要大力推进中国式现代化实践基础上的理论创新。"一个民族要想站在科学的最高峰，就一刻也不能没有理论思维。"[①]中国式现代化一方面仍处在快速发展阶段，另一方面加速演进的世界局势、深入推进的科技革命和产业革命，又使其面临更加复杂多变的发展环境。这也提高了从思想理论层面指引中国式现代化发展的难度。在异常艰巨的理论创新背景下，以习近平同志为核心的党中央在推动新时代伟大变革中勇于进行理论探索和创新，创立了习近平新时代中国特色社会主义思想，从理论维度对关系新时代党和国家事业发展的一系列重大问题作出了全面深刻回答，使党对共产党执政规律、社会主义建设规律、人类社会发展规律的认识达到了新境界。习近平新时代中国特色社会主义思想为中国式现代化提供了强大思想指引，是坚持"两个结合"、勇于推进理论创新的典范，并引发了国际社会的热烈关注。如截至2023年3月，《习近平谈治国理政》已出版4卷、37个语种版本，先后在32个国家举办39场线下与线上宣介推广活动，发行覆盖全球170多个国家和地区，受到众多国际政要的高度赞誉。[②]通过阅读这些经典理论著作，西方政界、学界充分感受到了中国式现代化的理论魅力。在理论创新的基础上，还要加强对中国式现代化国际传播战线上的工作者进行理论武装。不仅要在思想上系统认真学习习近平新时代中国特色社会主义思想，重点掌握中国式现代化、习近平文化思想、构建人类命运共同体等内容，更要在实践上做党的创新理论的弘扬者和传播者。世界现代化国际传播的历史告诉

---

① 《马克思恩格斯选集》第3卷，人民出版社2012年版，第875页。
② 丁子等：《为人类社会携手应对共同挑战作出新贡献——写在中国共产党与世界政党对话会召开之际》，《人民日报》2023年3月15日。

我们，思想理论在现代化国际传播中发挥着重要的引领作用。而在当下现代化国际传播的舆论场中，很少有哪一种理论体系能够像习近平新时代中国特色社会主义思想这般宏大深邃，这是我们让世界读懂中国式现代化的行动纲领和思想指南。

（三）媒体融合机制

媒体融合发展目标是党的十八大以来，以习近平同志为核心的党中央在领导我国宣传思想文化工作过程中作出的重大决策。早在2013年8月召开的全国宣传思想工作会议上，习近平总书记就明确提出了"要适应社会信息化持续推进的新情况，加快传统媒体和新兴媒体融合发展，充分运用新技术新应用创新媒体传播方式，占领信息传播制高点"的媒体发展要求。[1] 此后，习近平总书记又多次就如何通过媒体融合加强国际传播影响力作出重要指示。如2020年6月，中央全面深化改革委员会第十四次会议审议通过了《关于加快推进媒体深度融合发展的指导意见》，习近平总书记强调："推动媒体融合向纵深发展，要深化体制机制改革，加大全媒体人才培养力度，打造一批具有强大影响力和竞争力的新型主流媒体，加快构建网上网下一体、内宣外宣联动的主流舆论格局，建立以内容建设为根本、先进技术为支撑、创新管理为保障的全媒体传播体系，牢牢占据舆论引导、思想引领、文化传承、服务人民的传播制高点。"[2] 2022年9月，习近平总书记又在给中国新闻社建社70周年的贺信中指出，要"创新国际传播话语体系，加快融合发展，提高国际传播能力"[3]。在习近平总书记的亲自指导下，经

---

[1] 张洋、金歆：《弘扬主旋律　传播正能量——中国网络媒体10年发展成就综述》，《人民日报》2023年7月18日。
[2] 《习近平主持召开中央全面深化改革委员会第十四次会议强调　依靠改革应对变局开拓新局　抓住关键鼓励探索突出实效　李克强王沪宁出席》，《人民日报》2020年7月1日。
[3] 《习近平致信祝贺中国新闻社建社70周年强调　创新国际传播话语体系提高国际传播能力　增强报道亲和力和实效性》，《人民日报》2022年9月24日。

过近10年的发展，媒体融合建设取得重大进展，已经成为让世界读懂中国式现代化工作系统的重要组成部分。

媒体融合机制的建立顺应了国际传播格局发展的新趋向，有效提升了主流媒体向世界传播中国式现代化的能力。伴随着互联网在全球范围内的普及，国际传播格局在信息传输渠道方面发生了时代性变革，即人们接收信息的主渠道由以电视、纸质报刊为代表的传统媒介，迅速向以网络视频、社交媒体为代表的新兴媒体过渡。如美国付费电视业务的渗透率在2010年峰值时曾一度高达91%，但到2026年预计降至50%以下；在东南亚，22%的网络视频业务用户不再观看传统电视，56%的受访者表示其最喜欢的节目来自网络视频平台；在德国，14岁以上受众日均网络视频观看时间从2019年的47分钟增长到2021年的72分钟。[1] 这些数据充分说明，网络正在加速成为人们获取信息的主渠道。在国内，2012年、2013年报业广告分别陡降7.3%、8.1%，阅读率分别陡降12%、8.7%，北京地区电视开机率从2010年的70%下降到30%，传统媒体业遭受到前所未有的冲击。[2] 在这样的背景下，党中央于2013年拉开了深入推进媒体融合的改革大幕。当年党的十八届三中全会通过的《中共中央关于全面深化改革若干重大问题的决定》中就强调："要整合新闻媒体资源，推动传统媒体和新兴媒体融合发展。"[3] 2020年中共中央办公厅、国务院印发的《关于加快推进媒体深度融合发展的意见》明确提出"积极对接国家重大区域战略，在宣传、技术、产业、对外合作交流上整合资源、协同发展，服务国内大循环为主体、国内国际双循环相互促进的新发展格局"的深化体制机制改革目标。

---

[1] 李宁：《国际传播视角下海外媒体融合发展特征与创新策略》，《中国广播电视学刊》2023年第5期。
[2] 陈国权：《媒体融合发展十年观察与思考》，《中国记者》2023年第8期。
[3] 《中共中央关于全面深化改革若干重大问题的决定（二〇一三年十一月十二日中国共产党第十八届中央委员会第三次全体会议通过）》，《人民日报》2013年11月16日。

在让世界读懂中国式现代化工作系统中，媒体融合机制着力以多角度、全链条的融合态势，实现中国式现代化向全球的数字化、共享式、共建式传播。其一，主流媒体广泛使用数字传播技术，增强中国式现代化的智能化传播水平。媒体融合的根本驱动力是数字技术，以新华社、人民日报、中国广播电视总台为代表的中国主流媒体，通过使用人工智能、大数据、5G等先进科学技术，实现了对自身的技术激活。以这些技术为基础，主流媒体可以向全世界输送可视化、沉浸式、互动化、分众化的中国式现代化传播产品，这将极大提高中国式现代化国际传播的数字化水平。其二，主流媒体共同发起世界性议题，提高中国式现代化的全球关注度。"新型主流媒体国际传播实践的中层逻辑是议题与利益的融合。"[1]经过媒体融合，主流媒体将实现对内宣传与对外传播的通融，提升在国际社会上主动设置议题的能力，并善于从中国式现代化中供给解决和平赤字、发展赤字、治理赤字等世界难题的经验与理念，以融汇新议题掌握中国式现代化国际传播的主动权。其三，主流媒体打造国际社交媒体平台，开拓中国式现代化共建式传播新路径。在国际社交媒体中，中国式现代化国际传播要素的角色将实现新的融合，其中最突出的表现是传播受众向传播主体的转换。主流媒体要充分尊重国际社交媒体平台的传播规律，利用这种角色转变，让更多国际受众参与到中国式现代化国际形象的建构与传播中来。

从实践效果上看，媒体融合机制从多方面提升了中国向世界讲述中国式现代化的能力。首先，媒体融合增强了中国主流媒体的国际传播力度。如中央广播电视总台在其主要的海外社交平台Facebook、YouTube、Twitter、TikTok等推出1500多个特色产品，互动量超过1300万。其次，丰富了主流媒体讲述中国式现代化故事的方式和手段。如

---

[1] 王博、曹漪那、蒋晓丽：《数智时代新型主流媒体的国际传播融合实践进路》，《新闻爱好者》2023年第7期。

人民日报新媒体推出的国家形象网宣片《PRC》、中国共产党形象的网宣片《CPC》、微视频《回声》《中国是全世界最有意思的地方》等新型视听产品,都令国际受众耳目一新。① 最后,通过数字技术赋能提升主流媒体的议题构建与舆论引导能力,如新华社利用"新华数据"让国际传播更显灵动,中央广播电视总台建立起"CGTN融媒体定制化服务平台"与国际媒体进行信息交换,人民日报则将"党媒算法"融入智能实践等。② 上述成效充分说明,媒体融合机制在让世界读懂中国式现代化工作系统中的建立,适应了国际传播格局发展的新趋势,我们要进一步从技术融合、议题融合及平台融合等角度,提高中国式现代化的国际传播成效。

(四)实践融入机制

在让世界读懂中国式现代化的工作系统中,实践融入强调从传播路径层面,突破单一的"你说我听"的信息接收方式,通过参与评论、发表意见、实地感受等形式,在深入实践中认识与理解中国式现代化。相比于其他信息接收方式,实践融入是一种覆盖面更广、参与性更强、重复率更高的传播介质。习近平总书记高度重视将宣传思想文化工作融入到生活实践之中,他曾强调:"一种价值观要真正发挥作用,必须融入社会生活,让人们在实践中感知它、领悟它,达到'百姓日用而不知'的程度。"③ 党的二十届三中全会关于国际传播领域的全面深化改革要求中,对国际传播的实践融入机制予以了重点强调。《中共中央关于进一步全面深化改革 推进中国式现代化的决定》提出了"推进国际传播格局重构"的重大要求。《中共中央关于进一步全面深化改革 推进

---

① 陈琳琳、王灿发、宋雨倩:《重大主题报道中主流媒体深度融合的实践与创新》,《新闻爱好者》2023年第8期。
② 王博、曹漪那、蒋晓丽:《数智时代新型主流媒体的国际传播融合实践进路》,《新闻爱好者》2023年第7期。
③ 《习近平关于社会主义精神文明建设论述摘编》,中央文献出版社2022年版,第100页。

中国式现代化的决定》辅导读本则在"深化文化体制机制改革"中进一步作出解释:"要推进国际传播格局重构,促进宣传、外交、经贸、旅游、体育等领域协调配合,推动部门、地方、媒体、智库、企业、高校等主体协同发力,加快构建多渠道、立体式对外传播格局。"[①]各部门、各领域参与到国际传播工作中来,势必要求实践融入的传播方式发挥更大的作用。

在人类传播史上,人们最开始就是以呼喊、推搡等各式各样的实践活动传递信息的。此后随着社会分工的日益专业化,出现了专门负责信息传播的职业与行业,社会实践在信息传播方面的作用日渐式微,但仍是人们获取各类信息的重要渠道。比如在17、18世纪,对于居住在殖民地国家沿海地区的民众,他们一方面从报刊等传统媒体中获取有关西方现代化的信息,另一方面则从被殖民、被侵略与商品倾销中,实际感受西方现代化的强大与野蛮。后者给他们造成的印象要远大于前者。"当我们把目光从资产阶级文明的故乡转向殖民地的时候,资产阶级文明的极端伪善和它的野蛮本性就赤裸裸地呈现在我们面前,它在故乡还装出一副体面的样子,而在殖民地它就丝毫不加掩饰了。"[②]而今天,人们在日常生活中接触到的西方音乐、品尝的汉堡可乐、使用的苹果手机,也无时无刻不在传递着西方价值,扩大着西方现代化的影响力。总体上看,当前现代化国际传播中实践融入机制的表现形式,具体可以分为三类。一是以国际旅游、留学、出国工作为代表的本土中国式现代化国际传播的实践融入形式。这种形式的受众覆盖面相对较小,但却容易在实地体验中,给国际受众留下深刻印象。二是以文化、视频及制造业产品输出为代表的跨国实践融入形式。这种形

---

① 《〈中共中央关于进一步全面深化改革 推进中国式现代化的决定〉辅导读本》,人民出版社2024年版,第100页。
② 《马克思恩格斯文集》第2卷,人民出版社2009年版,第690页。

式的受众覆盖面要更大，但对于产品的娱乐性、创意性与科技度有着较高的要求。比如近年来中国电动汽车占国际市场份额的比重迅速增加，便引发了国际社会对中国式现代化建设的热议。如墨西哥国立自治大学教授、联合国教科文组织开放科学全球委员会主席安娜、玛利亚、塞托、克拉米斯曾公开表达对中国新能源技术的肯定："我在墨西哥有一辆比亚迪新能源汽车，续航能力不错，驾驶体验也很好"，"中国在量子科学领域的发展令人瞩目，中国在这一新兴研究领域加大投资，推动了该领域的发展和应用转化，集中力量办大事的制度优势令中国的决策和落实非常高效。"[①] 三是以社交媒体评论为代表的网络实践融入形式。这是一种在网络时代产生的新的信息传播实践融入形式，特别是在热衷于社交媒体的青年群体中有着广泛的影响力。

实践融入机制在让世界读懂中国式现代化工作系统中发挥着独特作用。相比于专业化的媒介传播渠道，实践融入机制能够拓宽中国式现代化对外传播工作系统的路径，在内容上丰富视角，在效果上增强体验感。在路径方面，在西方媒体仍然把持着大多数国际传播资源，并借此抹黑中国形象，使国际受众对中国式现代化形成误解和偏见的情况下，实践融入机制能够突破西方媒介网，向国际社会展示全面的中国式现代化形象。比如来中国旅游的国际人士普遍表示："亲眼所见的中国打破了他们的既定印象。他们对上海市容的整洁大方印象深刻，对满街跑的新能源车充满好奇，有人爱上了茶叶蛋和豆浆，还有人感叹一路遇到的中国人都是热心肠。"[②] 在内容方面，实践融入机制能够使国际受众成为中国式现代化国际传播中的主角，他们不再是被动地接

[①] 王慧、郭梓云：《"为全球增长和可持续发展作出重要贡献"——2024 中关村论坛与外国人士积极评价中国科技创新成就》，《人民日报》2024 年 4 月 27 日。

[②] 陈婧：《老外又来了》，《联合早报》，https://www.zaobao.com/news/china/story20240425-3494614。

收传播信息，而是能动地选择他们所感兴趣的中国式现代化内容。这将极大丰富中国式现代化的呈现视角，使其以一种更加立体真实的形象展现在国际受众面前。在效果层面，实践融入机制将使受众在深入持续感受中国式现代化的过程中，获得真实、丰厚的体验感。以网络社交媒体为例，在YouTube、Facebook、TikTok等国际社交媒体中，存在着大量对中国现代化城市、高科技产品、文化美食感兴趣的网民，他们会通过互相关注、建群、组织下线活动等方式，形成兴趣共同体，而在长期的互动中，他们一方面会加深对中国式现代化的理解，也会同中国式现代化建立持久的感情。尤其是出生于1995—2009年，从小在互联网环境中长大，受智能手机、电脑等科技产品影响最大的一代人（也称Z世代），他们中的绝大多数人几乎每天都会使用网络社交媒体。据联合国人口调查数据显示，全球Z世代人口约24亿，占全球总人口的32%。作为年轻一代，国外的Z世代未受到过冷战时代意识形态斗争的影响，对西方"权威话语"具有怀疑和反叛精神。[1]成长于互联网时代的年轻一代，相比于长期受西方传统媒体熏染的上几代人，在视野上更加开阔，对于中国式现代化的好奇心理更加强烈。若能吸引他们更多参与到中国式现代化在社交媒体的讨论与分享中来，必将进一步推动让世界读懂中国式现代化的进程。需要强调的是，让世界读懂中国式现代化工作系统中的实践融入机制，并非不加干预地让受众在社会实践中随意地品评中国式现代化，党和政府应密切注意国际社会的舆论走向，通过主动供给高质量传播产品，如推出热门国际旅游路线、制作高质量纪录片、助力高科技企业推出海外业务等方式，加以必要的引导。

---

[1] 段鹏：《我国国际传播中的信息流量：历史、问题及对策》，《西安交通大学学报（社会科学版）》2022年第4期。

（五）反馈评价机制

"反馈"的概念是由美国麻省理工学院的罗伯特·维纳在其1948年发表的《控制论》中率先提出的，具体是指"送出去的电波或信息的回流"。这一概念很快被应用于传播学中，美国传播学者塞弗林曾对传播中的反馈进行形象描绘："在大众媒介方面，我们也有各种形式的反馈从目的地传回给信源，帮助它调节此后的输出物。来自读者、听众的信件、电话是一种反馈。对于广告的反应、广播的收听率、报摊与订户的增减等也都是反馈。教室里的反馈也有多种形式，迷惑不解的表情、厌倦的迹象都在告知讲课人：需要讲清某个观点，或者该换一个话题了。"[①]在国际传播领域，尽管受制于受众分散、信息不畅等客观条件的制约，但大型国际传媒公司仍高度重视反馈评价工作，并将其作为改进传播效果的关键一环。如2004年，BBC曾委托一家调查公司对42个国家的受众进行调查。结果表明，BBC的短波听众逐年减少，2004年周收听率为1.46亿，比2003年减少了400万。为此，BBC从增加高质量的调频广播、加大网络广播投入等方面调整了其战略规划，并达到了提高网上听众客户的目的。[②]随着近几年来全球范围内互联网普及程度的提高和算法、大数据技术的深度应用，受众的评价反馈信息变得相对容易获取，这些信息在调整国际传播布局、提升传播效能方面发挥的作用也愈发显著。这引发了各国政府、国际媒体对反馈评价机制的高度重视。2019年1月，习近平总书记曾在中共中央政治局第十二次集体学习时强调："从全球范围看，媒体智能化进入快速发展阶段。我们要增强紧迫感和使命感，推动关键核心技术自主创新不断实现突破，探索将人工智能运用在新闻采集、生产、分发、接收、反馈

---

① 〔美〕塞弗林、坦卡德：《传播学的起源、研究、应用》，陈韵昭译，福建人民出版社1985年版，第45—46页。

② 刘燕南等：《国际传播受众研究》，中国传媒大学出版社2011年版，第304页。

中，用主流价值导向驾驭'算法'，全面提高舆论引导能力。"①在让世界读懂中国式现代化工作系统中，更好发挥反馈评价机制的作用，需要在信息的收集与评价应用等方面做足工作。

信息收集是评价反馈机制在让世界读懂中国式现代化工作系统中发挥作用的基础与前提。信息反馈的数量、速率与准确度将直接决定评价反馈机制的运作水平。为了提升国际传播信息收集能力，国际上的通行做法是成立专门的国际传播反馈机构，具体包括政府设立的分管舆情工作的机关、大型媒体公司设立的舆情研究中心、学术单位成立的智库等。比如，近年来我国中央、地方成立的舆情、智库机构迅速增加，并普遍将中国式现代化作为重点研究对象。其中南方报业传媒集团成立的南方舆情数据研究院，便以助推"国家治理体系和治理能力现代化"为中心，提出建设新型智库，专注"治理现代化"研究领域，重塑媒体价值，努力探索传统媒体融合、转型的"南方经验"。②然而从整体上看，我国对国际传播信息的收集与整合能力同西方发达国家相比，仍存在较大差距。"例如美国尼尔森、盖洛普，法国益普索，英国科波拉，其规模常常是我国同类机构的数十倍、百倍。西方公司海外信息收集和处理能力非常强，拥有大量国际业务，大多寻求本地化战略，不少进入我国市场提供舆情信息服务。"③因此，我国应在有关部门的统筹协调与大力支持下，加快发展舆情信息服务行业，培养专业人才队伍，打造国际一流的信息服务机构。在信息收集的内容上，要着眼于国际传播的分众化特点，从国别、文化背景、地区现代化发展程度、关注重点等层面有区分地进行信息汇集，从而为中国式现代化的精细化传播提供切实可靠的受众数据。在信息收集的手段方面，

---

① 习近平：《加快推动媒体融合发展　构建全媒体传播格局》，《求是》2019年第6期。
② 蓝云、余元锋：《建设"高维舆情"，助力"精细治理"》，《传媒》2016年第16期。
③ 刘鹏飞：《中国网络舆情研究进阶的多维路径》，《传媒》2021年第11期。

以电话回访、调查问卷、深度访谈、电话回访为代表的传统国际传播信息收集手段，正在向以大数据、人工智能为代表的智能化信息收集方式过渡。这迫切要求我国打造更多具有较大国际影响力的媒体平台，同时加大在先进数字技术上的研发力度。

反馈评价机制在让世界读懂中国式现代化工作系统中的正常运作，不仅要以强大的信息收集能力为基础，还要具备较高的信息整合和应用功能，"即最大限度地从受众反馈中提取有价值的信息，为传播高等的决策提供参考和数据，以发挥受众反馈的作用"[①]。这一方面要由政府牵头，联合国内企业、高校，引进国外一流专家，加强专业人才队伍和相关智库建设，根据得到的有关中国式现代化国际传播的反馈信息，研判舆情走向，谋划发展战略，优化叙事内容和创新传播手段。另一方面要积极发展人工智能技术，提高信息整合的效率与水平。随着人工智能技术在国际传播领域的成熟运用，相当一部分决策是由计算机而非人脑作出的。特别是在反馈评价环节，人工智能技术的运用更为普遍。一些国际社交媒体会在搜集相关反馈数据的基础上，利用算法技术，直接向用户投放他们感兴趣的视听产品。中国式现代化国际传播也要跟上技术发展潮流，利用相关数字技术，提高信息整合的准确度和实效性。

[①] 刘燕南等：《国际传播受众研究》，中国传媒大学出版社2011年版，第304页。

第五章
让世界更好读懂中国式现代化的实践路径

在充分审视让世界读懂中国式现代化实现的进展、面临的挑战，科学归纳其目标原则的基础上，提出有效的改进方法，是推进这项重大事业的必要举措。在具体实践中，首先，要以推进国际传播平台建设为基础，通过"造船出海""借船出海"等方式，开拓中国式现代化的国际传播空间；其次，要以优化国际传播话语质量为抓手，提升中国式现代化国际传播的内容；再次，要以创新国际传播方式方法为重点工作，优化让世界读懂中国式现代化工作系统的效率；最后，要以充实国际传播人才队伍为关键点，夯实让世界读懂中国式现代化的人才基础。

一、推进国际传播平台建设

在国际传播格局中，受众获取的信息很大程度上取决于媒体所提供的"拟态环境"。"拟态环境"理论最早由著名传播学者李普曼于20世纪20年代提出，主要指受时间空间限制，绝大多数的公众只能通过新闻媒体来了解外部世界。因此，人的态度和行为已经不再是对客观环境的理解，而变成对媒体提供甚至提示的某种"拟态环境"的反应。[1] 这一理论强调了媒体在传播活动中的巨大影响力。提升中国式现

---

[1] 叶皓：《公共外交与国际传播》，《现代传播》2012年第6期。

代化的国际传播效能，也应以媒体建设为基础，主动为国际受众提供有关中国式现代化的基础信息流。在互联网时代，传播平台已经成为全球绝大多数地区和民众接收各类信息的主渠道。中国式现代化在国际范围内的广泛深入传播，也必须运用好传播平台。党的十八大以来，习近平总书记高度重视国际传播平台建设问题，并多次作出重要指示。如2016年2月，习近平总书记在中央电视台调研时发表重要讲话，提出了"用好国际化传播平台，客观、真实、生动报道中国经济社会发展情况，传播中国文化，讲好中国故事，促进外国观众更多更好了解中国"的重要要求[①]。2019年1月，习近平总书记又在中共中央政治局第十二次集体学习时强调："要抓紧做好顶层设计，打造新型传播平台，建成新型主流媒体，扩大主流价值影响力版图，让党的声音传得更开、传得更广、传得更深入。"[②] 新时代以来，在习近平总书记和党中央的有力领导下，我国国际传播平台在建设规模、技术水平及用户数量等方面均实现重要突破。为推进让世界读懂中国式现代化事业的深入发展，需要从进一步推动我国主流媒体转型升级、支持本土互联网平台拓展海外业务、利用国外媒体传播中国式现代化等维度持续发力，为中国式现代化国际传播拓宽路径、打开空间。

（一）进一步推动我国主流媒体转型升级

回顾人类现代化史可以发现一个有规律的现象：每一个现代化强国都是一个有着强大国际传播能力的国家，而这些国家的国际传播能力建设又是以国内的大型媒体为支撑的。如美国的《纽约时报》、日本的NHK、新加坡的《联合早报》等。这一现象在一定程度上说明了现

---

① 《坚持正确方向创新方法手段　提高新闻舆论传播力引导力》，《人民日报》2016年2月20日。
② 《推动媒体融合向纵深发展　巩固全党全国人民共同思想基础》，《人民日报》2019年1月26日。

代化强国建设与主流媒体发展间的内在联系。近几年随着中国日益跻身国际舞台中央，以新华社、《人民日报》、《中国日报》为代表的国内主流媒体，也纷纷主动加强自身国际传播能力建设，受国际社会的关注度可谓与日俱增，但无论同国际一流媒体相比，还是距党和国家赋予的职责使命均存在一定距离。这迫切要求我国主流媒体进一步加大转型升级力度，成为让世界读懂中国式现代化的排头兵和主阵地。

一方面，主流媒体要进一步加强对外传播工作的建设力度，在让世界读懂中国式现代化实践中明确角色定位。专门开辟国际板块，是各国大型媒体加强国际传播能力建设的惯用手段。像《纽约时报》《联合早报》等国际知名媒体中均设有中国专栏，这些专栏不仅在国际社会上较有市场，也吸引了中国民众的高度注意，在形塑中国国际形象方面具有较大影响力。当前中国各大主流媒体也均多设有面向国际社会的专栏，一些媒体还专门成立了海外版，但从整体上看，这些专栏在塑造中国国际形象方面的作用还相对有限，其症结主要集中在对外传播与对内宣传在界限上还不够明晰。实践表明，部分对内宣传思路、话语被运用到中国式现代化国际传播中，非但不能获得国际社会的积极反馈，还容易起到反面效果。如国际知名传播学者达雅·屠苏在谈到中国媒体全球化进程中的本土化策略和"公信力"问题时指出："在叙事方面，中国一直采用正面新闻（positive journalism）和建设性新闻（constructive journalism）的叙事策略，这是与批判新闻'坏消息就是好新闻'（bad story is good news）有所不同的。从一个角度看，这会与西方构成一种信息的平衡；但从另一个角度看，如果只有正面报道，可能会被当成是另一种偏见（bias），从而影响中国媒体的'公信力'。"[①]也有来自国内的一线工作人员指出："实事求是地说，中国的对外传播

[①] 钟新、崔灿：《中国媒体全球化的正当性与竞争力——对话国际传播知名学者达雅·屠苏》，《对外传播》2019年第6期。

的关键是要充分重视市场内涵，优化运行管理，避免陷入自娱自乐的境地。在某种程度上来说，对外传播实际上是全球化时代传媒内容产品和服务跨国流动的一种形式，因此在运行管理上要避免内宣化，减少行政化色彩，强化国际化、市场化、专业化色彩。"①为此，中国主流媒体在开展国际传播工作时，要明确角色使命，不仅要善于用受众的语言表述问题，更要学会贴合受众的需求阐释道理。具体到中国式现代化国际传播方面，主流媒体要注意通过研判舆论走势、搜集媒体信息、进行受众调查等工作，充分了解国外受众对于中国式现代化的认知需求，以此为基础做好信息供给。要坚决避免把对内宣传中国式现代化的报道，不加修改地移植到国际传播中来。还要格外注重培养懂得国际传播规律、熟悉传播地文化、能够用受众视角阐释中国问题的媒体人。在此基础上，还要注重媒体的品牌效应，着力在中国主流媒体上打造全球知名的中国式现代化国际传播板块。

除了从目标层面明确主流媒体提升国际传播能力的责任担当，更要从技术维度为主流媒体的转型升级提供切实支撑。在网络时代，传统媒体的转型升级一般要经过数字化和数智化两个发展阶段。2020年6月，《纽约时报》首席执行官马克·汤普森曾表示："我相信《纽约时报》肯定还能印个10年，或许15年，甚至再久一点。但是，如果20年后还能印，我会感到非常惊讶。"这句话道出了纸质新闻媒体将逐渐被数字媒体淘汰的大趋势。相似的情况也正在中国加速进行着。进入新世纪以来，特别是近十年来，中国主流媒体通过办国际网站、打造网络平台、推出数字化产品等方式，已经基本完成了数字化转型发展阶段，网络已经成为中国媒体加强建设与传输信息的主阵地。以此为基础，中国主流媒体正朝着智能化方向加快发展进程。为了能够在智能

---

① 李宁：《对外传播工作切忌内宣化》，《对外传播》2021年第1期。

化水平日渐提高的国际传播格局中占据主动权，对中国式现代化国际传播进行技术赋能，首先，要做好用户数据的收集与整合工作。数据是主流媒体实现智能化发展的基础，智能媒体时代，几乎所有媒介内容的生产、传播、营销和决策都需要依靠数据分析。特别是在海量智能设备接入物联网之后，用户数据的量、质和种类都在持续增长的情况下，数据已经成为当下最重要的生产要素。[①] 充分利用大数据等技术，收集国际社会有关中国式现代化的浏览与评价数据，进而为相关传播决策提供依据。其次，要主动把人工智能技术引入到信息采集、内容生产、产品分发、评价反馈等媒体运行的各个环节中去，使人工智能成为媒体转型升级的重要引擎。最后，要把建构包含从媒体内容生产、内容消费到制播体制、传播体系再到直播体验、屏幕内容、用户体验、媒介功能，力求打造"平台+内容+终端+应用"的完整生态系统作为主流媒体的发展方向。[②] 总之，在明确让世界读懂中国式现代化使命职责的基础上，技术水平将成为决定中国主流媒体向国际社会展现中国式现代化理论与实践的决定性因素。这要求中国媒体在充分遵循国际传播基本规律的基础上，加大数据收集、产品制作及信息发放等方面的科研投入，实现中国式现代化的数智化传播。

（二）支持本土互联网平台拓展海外业务

创建持续地向国际社会传递中国声音的传播渠道，是让世界读懂中国式现代化，提升其传播效能的基础性工作。在相当长的一段时间里，我国主流媒体主要以在 Facebook、Twitter 和 YouTube 等外国平台上投放文化产品的方式表达中国主张。但在激烈的国际舆论竞争形势下，一部分由西方国家把持的国际媒体频繁对中国主流媒体进行删帖

---

① 吕尚彬、李雅岚、侯佳：《智媒体建设的三重逻辑：数据驱动、平台打造与生态构建》，《新闻界》2022年第12期。

② 许志强：《智能媒体创新发展模式研究》，《中国出版》2016年第12期。

和限流。为此，以百度、淘宝为代表的中国互联网企业，也曾试图通过频道落地等方式，进行"造船出海"，但由于西方社会的干预阻挠和自身技术水平有限，效果并不显著。近几年来，这一情况有了突破性变化，我国在媒体出海方面实现重大突破，一批新兴的中国互联网平台掀起了出海浪潮。中国互联网平台在拓展海外业务方面取得成功，一方面要归功于党和国家的大力支持。党的十八大以来，党中央在领导国际传播工作的过程中，把引导我国互联网平台积极拓展海外业务作为提高传播能力、扩大中国声音的关键一环。继2021年7月商务部、中央网信办、工信部印发《数字经济对外投资合作工作指引》，鼓励数字经济企业积极融入全球经济产业链，提升国际竞争力后，2022年1月，国务院又在《"十四五"数字经济发展规划》中明确提出支持我国数字经济企业"走出去"、积极参与国际合作，以及构建专业化中介服务机制和公共服务平台。[①]另一方面，同时也是更主要的原因，是我国互联网平台凭借过硬的技术实力、高超的运营能力和出色的产品体验感，突破了欧美国家对互联网企业的封锁和围堵。整体上看，当前中国媒体出海主要有三种模式。一是以抖音为代表的技术出海模式。2017年，由中国互联网企业字节跳动推出的短视频平台抖音海外版，在国际舞台上迅速"出圈"，而其所以能在竞争激烈的国际媒体市场中受到追捧，很大程度上应归因于传播技术上的突破，即将内容池与算法偏好分发的技术引入短视频社交平台，解决了社交娱乐媒体平台如何实现有效的内容分发和社群连接这一Facebook和Twitter也未能有效解决的问题。二是以比格和造星高手为代表的商业出海模式。以前者为例，比格基于在中国推出"秀场直播"内容模式的经验，形成了社交游戏和短视频引流、秀场直播变现的商业生态模式。虽然这一模

---

① 王昉：《从Vskit看中国社交媒体出海的"巧实力"构建》，《新闻界》2024年第2期。

式当时在中国市场已经较为普及，但在海外这一商业模式仍旧处于相对空白的状态。在这种背景下，比格将这一成熟的平台商业模式迁移到海外市场并获得了成功。三是以原神为代表的平台内容元素出海模式。在手机游戏原神中，嵌入了中国京剧、民乐建筑和服饰文化等大量中国元素，玩家通过在原神所设置的虚拟世界中不断探索，形成了逐步深化的情感认同，进而开始接纳甚至主动寻求对中国传统文化的了解。[①] 这三种出海模式，一方面为中国式现代化国际传播创造了空间，国内主流媒体可以相对公平地在这些平台上投放有关中国式现代化的视听产品；另一方面它们依靠领先的技术与成熟的运营受到国际社会的追捧，本身也是中国式现代化实力的呈现。

尽管中国互联网平台在"造船出海"方面取得突破，但要把平台优势转化为传播优势还要着力做好两方面工作。一是由"出得去"实现"站得稳"。近年来以美国为首的西方国家不断对抖音国际版等中国互联网平台实行限制和打压，从短期看他们对中国企业实行的遏制政策不会改变。在此背景下，已经实现出海的中国互联网企业，如何在海外实现落地生根就成了事关自身发展及更好传播中国主张的首要课题。特别是对于后者而言，平台的稳定性和传播的连续性是收获受众信任的基本前提。中国互联网平台实现"站得稳"目标，其一要注重巩固优势，通过激励科研人员勇于创新，加大科技研发支持力度等方式，继续保持在部分传播技术领域的领先地位，补齐技术短板，为传播受众提供更加满意的用户体验。其二要着重把技术优势转化为制度优势。以美国为首的西方国家，凭借在互联网技术上的领先优势和对全球网络用户的垄断地位，制定了符合自身利益的互联网运行规则，不仅凭借这些谋取巨额利润，还肆意打压后发国家互联网科技企

---

① 王沛楠：《从反向流动到模式出海：中国互联网平台全球传播的转型与升维》，《中国编辑》2023年第1期。

业的发展，维护自身话语霸权。对此，中国企业要联合同样遭受不公正待遇的其他国家的科技企业，依靠技术优势，领导参与相关领域技术标准的制定。同时倡导建立一种平台多边主义、多元主体协商共建的新互联网准则，打破西方社会的制度霸权，尽可能为中国互联网企业出海创造公平、平等的国际环境。[①] 其三要尽可能地扩大国际用户规模，并使他们同平台建立紧密和持久的联系。中国社交媒体能否扎根国际社会，归根到底要看其能否征服各国群众，获得广大国际受众的拥护与认同。对此，中国出海平台要善于推出符合当地群众喜好的视听产品，以平台为轴心，适时组织海外用户围绕中国文化、美食等话题开展线下活动，在融合线上与线下、数字空间与现实空间的互动中，引导他们参与到平台建设中来，在同平台建立诚挚感情的同时，也促使他们从对中国文化的表层符号认真转向深层文化内涵的理解。[②] 二是中国互联网平台在"出得去""站得稳"的基础上还要"传得开"，善于将传播优势转化为传播效能。在国际舆论中，外国媒体、受众对于中国式现代化的评价，往往比我国的主动宣介更具说服力。为此要进一步深化中国海外传播媒体与在地媒体的融合发展。通过开设外媒专栏、深入交流访谈以及同当地意见领袖进行深度合作等方式，主动吸引海外传播力量入驻中国传播平台。这既有助于夯实海外中国传播平台的发展根基，也有利于丰富中国式现代化的国际传播视角，加强传播的可信度和亲和力。在此基础上，还要善于利用新型传播技术，创新中国式现代化的传播形态。当前，具有立体化、多模态、沉浸式的媒介传播正受到国际社会，特别是年轻一代的追捧。为此，中国互联

[①] 席志武、孙晨子：《TikTok 出海状况及利用其提升我国对外传播力的策略》，《青年记者》2022 年第 12 期。
[②] 辛静、叶倩倩：《国际社交媒体平台中国文化跨文化传播的分析与反思——以 YouTube 李子柒的视频评论为例》，《新闻与写作》2020 年第 3 期。

网企业也要顺势而为，注重在网络动漫、网络音乐、网络文学、短视频、电子游戏等流行传播载体中融入中国式现代化元素，注重将可交互、高仿真、强沉浸、精渲染等传播技术运用到产品开发中，进而增强中国式现代化国际传播的吸引力与传播度。

（三）利用国外媒体传播中国式现代化

借助于各类海外媒体平台传播中国声音，是我国开拓国际传播路径的重要方法，也被形象地比作"借船出海"。这一传播策略的有效运用，既在一定程度上弥补了我国国际传播媒体在地化建设不足的劣势，也体现了传播理念上的灵活性。根据CTR提供的数据，截至2021年12月底，我国已经有30多家省级以上广电媒体或中央媒体在Twitter、Facebook和YouTube海外三大社交平台上注册了近700个账号，粉丝规模突破11亿，Facebook平台占比最高，总规模在10亿以上，粉丝量较2021年1月增长9%，千万级以上头部账号有18个；其中中央广播电视总台（@ChinaGlobalTVNetwork）和中国日报社（@chinadaily）粉丝量都过亿。[1] 在民间层面，李子柒、毒角SHOW等中国主播也在海外传播平台上引起热捧。以前者为例，截至2021年9月5日，李子柒的YouTube订阅量达到1600万。除YouTube外，李子柒在Facebook、Twitter、Instagram等平台均有视频账号。自2017年8月李子柒在YouTube上发布第一部视频以来，短短4年多时间，李子柒在海外积累了几千万的粉丝，被国外网友称为"来自东方的神秘力量"。[2] 以上数据和案例说明了中国在利用外国媒体讲述中国故事方面获得的成功。我们要善于从中总结经验吸取教训，将"借船出海"转变为我们在新时代新征程上对外宣传中国式现代化的重要渠道。首先要注意根据海

---

[1] 胡玢：《主流媒体国际传播力建设的"三维四转"》，《传媒》2022年第5期。
[2] 徐敬宏、刘蓓：《中国传统文化对外传播的路径探析——以李子柒短视频为例》，《电视研究》2022年第4期。

外媒体特点有针对性地运用传播策略。总体上看，可供我国向国际社会展现中国式现代化的海外媒体可分为三类。一是海外华文媒体，具体指在中国大陆、香港、澳门、台湾以外，以汉字为传播方式的大众传播媒介，包括报纸、杂志、网络媒体、广播、电视及各种新兴媒体。海外华文媒体的特点表现在以有汉语文化背景的华裔民众为主要受众，在报道视角上多以民间身份出现，在风格上不带官方色彩，内容上更加贴合群众生活。近代以来，海外华文媒体一直是世界了解中国发展的重要窗口。这一传统延续至今。在2015年的第八届世界华文传媒论坛上，众多与会媒体达成了三点共识："第一，海外华文媒体的薪火传承与中华民族历史命运唇齿相依。""第二，中国发展与民族复兴为海外华文媒体发展提供了重大机遇。""第三，新时代海外华文媒体应肩负起自身使命担当、创造新荣耀。"[1] 利用这类媒体进行中国式现代化传播，要注意淡化意识形态色彩，在内容上侧重于反映人民群众的实际生活。有条件的地区可以通过邀请海外华人赴国内旅游参观，再鼓励其在海外华文媒体上分享游记、撰写心得等形式，以自己的真实感受，向华人群体呈现中国式现代化使中国发生的巨大变化。二是海外主流媒体。这类媒体又可以进一步细分为西方国家的主流媒体和发展中国家的主流媒体。在以美国为代表的西方国家，有相当一部分媒体戴着有色眼镜看待中国式现代化，让其正面分享中国发展经验的难度较大，而对于部分对中国持友好态度的西方媒体，中国媒体则要积极主动同其进行深入的合作。如2018年，为庆祝中国改革开放40周年，在国务院新闻办公室指导支持下，五洲传播中心、优酷、美国探索频道联合出品纪录片《中国：变革故事》(How China Made It)，该片不仅在优酷网和美国探索频道同步首播，还在央视及德国、法国的公共电视

---

[1] 曾庆江：《海上丝绸之路沿线华文媒体与中国近现代化进程》，《南海学刊》2017年第2期。

台等主流电视频道进行多轮播出,实现了国内外的多渠道、跨平台播出。①而对于发展中国家的主流媒体,中国媒体要善于抓住他们渴望实现自身发展的心理,既主动向他们分享中国发展经验,又注意不要产生强加于人的压迫感。加强同发展中国家主流媒体的交流合作,是增强中国式现代化在发展中国家影响力的重要举措。需要注意的是,在同海外媒体的接触合作中,不应忽视发挥公关公司的推动作用,他们不但通晓当地传媒运作方式,知道百姓关切的问题,懂得如何引导舆论,而且在上层社会具有丰富的人脉资源。如果能同他们开展有效的合作,对加强中国式现代化国际传播将起到事半功倍的效果。②三是海外社交媒体。相比于前两类海外媒体,在海外社交平台上传播中国声音的自由度要更大,但近年来西方国家为封锁中国正面报道,经常通过设置有关中国议题的敏感字库、人工过滤及删除账号等手段,加强对中国声音的屏蔽,这要求我们对传播策略进行完善和优化。首先,要重点在海外社交平台上传播中国式现代化进程中蕴含的人类共同价值,如人与自然和谐相处、走和平发展的现代化道路、强调以人为本等,着重选取并重构符合海外受众价值观的内容和主题。其次,要善于利用视听形式进行传播,辅以少量文字说明,避免大量枯燥的文字讲解,可以减少文化折扣或对立解读。最后,减少宏观报道,注重微观叙事。③海外受众对我国的媒体报道有天然的"陌生感",也有长期形成的负面刻板印象。因此我国在进行对外传播时,可以多举中国式现代化的实例,以深度报道、微观记录等方式,客观呈现中国式现代化给个人、群体及小城镇带来的深远变化。总之,媒体传播平台是中

---

① 赵艳明、魏铭辰:《合拍纪录片对外传播叙事的积极实践——以〈中国:变革故事〉为例》,《中国电视》2020年第6期。
② 秘小胜:《西方媒体中的中国形象困境》,《公共外交季刊》2011年第5期。
③ 朱莉、徐可意:《中国大象在国际社交媒体平台的跨文化接受研究——基于YouTube短视频评论的分析》,《传媒》2022年第14期。

国向世界呈现中国式现代化思想理论与发展实践的主阵地，我们既要主动"造船出海"，也要善于"借船出海"，综合运用多种媒介，灵活使用各种传播策略，不断丰富中国式现代化的传播渠道，拓宽传播路径。

二、优化国际传播话语质量

每一个拥有强大国际传播能力的国家，也必然是一个话语强国，而话语的强势地位，往往首先表现在话语的独创性上。比方说古代中国围绕儒家文化形成了一套话语体系，长期在东亚等地区保持强大的影响力；现代西方国家则就现代化建设发展了一套学说，在世界范围内形成了"现代化等于西方化"的迷思。无论国际传播格局在主题、市场及技术等维度发生怎样的变化，"内容为王"仍是开展国际传播工作必须遵守的基本原则。让世界读懂中国式现代化，前提也需要向受众源源不断地供给能够为其所接受与关注的中国式现代化信息，做到这一点需要我们进一步优化中国式现代化国际传播的话语质量。其一，要善于从中国现代化实践中提炼融通中外的话语概念，彰显中国式现代化理念的创造性和标志性；其二，要运用叙述相融的方法，讲好中国式现代化的故事，提高国际传播的吸引力和感召力；其三，要注重提供破解全球发展难题的中国方案，使中国式现代化既能为发展中国家进行现代化建设提供借鉴，也能为发达国家突破自身发展困境贡献智慧，提升中国式现代化国际传播的理论性和引领力。

（一）讲新话：提炼融通中外的话语概念

人类现代化进程不但实现了物质技术的极大发展，也促进了精神文化的新陈代谢。现代化进程每推进一步，都会引发话语革命，这既符合经济基础决定上层建筑的一般规律，也是现代化主体主动为之的结果。在现代化浪潮中衍生出来的一系列新表述中，新概念是时代发展的集中表达，也最容易引人注目。"概念是人类思维的基本构筑单位。当我们尝试从纷繁复杂的事物中提取某种共同特征，并形成一定的知识单元时，实际上已经进入了概念化的思维模式。概念是话语的符号载体，也是话语的构成内容，公共议题的建构离不开对特定概念的生产与意义争夺。"[①]在资本主义现代化进程中，资产阶级提出了一整套新概念，如政治领域的"权力""权利"、经济领域的"市场""资本"、社会领域的"自由""平等"，等等。这些新概念不仅规制了资本主义国家的发展，而且对世界现代化进程造成重要影响，"这一传统的现代化话语范式伴随着西方资本主义国家的殖民掠夺历程而扩散至全球范围，影响了所有地区、不同社会制度的国家"[②]。中国共产党在领导社会主义现代化建设的过程中，高度重视理论创新，并将提炼、宣传新概念作为指明前进方向、凝聚建设力量的重要工作方法。如新中国成立前后提出的"新民主主义""三大改造""人民内部矛盾"，改革开放新时期提出的"小康社会""社会主义初级阶段""三步走"，等等。这些概念的提出更多着眼于中国自身发展，带有鲜明的中国特色。新时代以来，我国日益走近世界舞台中央，中国实力的增强为中国话语的发展奠定了重要基础，也催生了概念的变革。如"新发展理念""人类命运共同体""全过程人民民主""人类文明新形态"等概念不仅聚焦于中国发展，也为世界发展指明方向、贡献智慧。中国概念也开始大踏步地由地方走向世界，成为让世界读懂中国式现代化的鲜明标志。

中国式现代化作为一种凝结着诸多发展经验的现代化发展模式，它不仅是中国的，也是世界的。从讲好中国故事的角度来说，中国式

[①] 刘涛：《新概念新范畴新表述：对外话语体系创新的修辞学观念与路径》，《新闻与传播研究》2017年第2期。
[②] 毛玲、卢浪：《追赶与超越：中国式现代化话语范式的建构》，《海南大学学报（人文社会科学版）》2023年第6期。

现代化应该是普遍性和特殊性的统一，中国式现代化的特殊性应该是建立普遍性基础之上的特殊性。中国式现代化想在世界范围内传得开、叫得响，既引起广大受众关注，又留下深刻印象，离不开相关中国式现代化概念的建构与创造。正如习近平总书记所强调的："在解读中国实践、构建中国理论上，我们应该最有发言权，但实际上我国哲学社会科学在国际上的声音还比较小，还处于有理说不出、说了传不开的境地。要善于提炼标识性概念，打造易于为国际社会所理解和接受的新概念、新范畴、新表述，引导国际学术界展开研究和讨论。"① 从总体上看，我国对于从中国式现代化实践中提取概念的意识与能力仍略显不足，对一些重大问题还没有给出历史和逻辑相统一的有力解释。比如，改革开放以来我国提出的社会主义市场经济概念，尽管逐步形成了理论体系且实践证明是行之有效的，但我们还没有给出基于学术概念和逻辑体系的科学、规范和严谨的论证。在实际操作中，要坚持客观性与实践性原则，立足中国式现代化的鲜活实践，将富有阐释力的经验事实抽象为理性的话语认知，着力创制"新发展理念""人类命运共同体""全过程人民民主"等融通中外、相互嵌套的话语概念。也要强调自主性和发展性原则，基于中国式现代化发展中的重大理论和现实问题，对沿袭性概念、输入性概念进行语义新阐述、功能再改造、价值新诠释。② 不仅要注重民族性，也要注意世界性。从国际传播的角度看，概念失去民族性，便如同无根之木、无源之水，无法体现中国特色；缺乏世界性，则失去了被关注的动力与条件。为此，在概念提炼中要立足中国式现代化的鲜活实践，将富有阐释力的经验事实抽象

---

① 《习近平谈治国理政》第2卷，外文出版社2017年版，第346页。
② 沈泉鑫：《提升中国式现代化国际话语权：契机、挑战与路径》，《当代世界社会主义问题》2023年第4期。

为具有共同性的理性话语认知。[①]比如人类命运共同体概念，既体现了中国传统文化中"天人合一""天下为公""和而不同"的思想智慧；又印证了新中国奉行相互尊重、和平共处、合作共赢的外交实践与外交理念；还呼应了全世界对构建美好和谐世界，增进沟通交往，维护世界和平的期待。然而类似于这样的概念，对于偌大的中国式现代化体系来说，仍显得太少了。中国理论界要敢于进行理论创新、概念创造，而不是过多地用外来性概念、输入性概念对中国现代化进行重复性阐释。哲学社会科学工作者们要在坚持历史唯物主义与辩证唯物主义的方法之上发挥中国化时代化马克思主义的阐释力，同时注意吸收借鉴人类社会现代化发展的经验与教训，从中国现代化进程与实践中提炼融通中外的学术概念，进而为中国式现代化国际传播提供标志性的话语符号。

除了主动构建以外，国际传播中的新概念、新话语也来源于外在的力量。特别是随着中国日益走近世界舞台中央，国际社会对中国发展经验与模式的讨论愈发热烈，并从学术阐释的角度提出了不少新概念。这其中不乏对中国发展表示肯定的思想与观点，但从整体上看却带有浓厚的西方中心主义色彩。比方说将中国的现代化模式称作"威权模式"等。[②]习近平总书记也曾专门就西方理论界对中国特色社会主义进行曲解、误读的现象给予严厉批评："近些年来，国内外有些舆论提出中国现在搞的究竟还是不是社会主义的疑问，有人说是'资本社会主义'，还有人干脆说是'国家资本主义'、'新官僚资本主义'。这些都是完全错误的。"[③]难以否认，在当前的国际舆论场中，有关中国的

---

① 沈泉鑫：《提升中国式现代化国际话语权：契机、挑战与路径》，《当代世界社会主义问题》2023年第4期。
② 张丽丝：《海外学者理解中国式现代化的理论范式：内容、局限与破除》，《社会科学辑刊》2024年第4期。
③ 习近平：《关于坚持和发展中国特色社会主义的几个问题》，《求是》2019年第7期。

议题设置权仍掌握在西方媒体手中，这是导致"中国威胁论""中国崩溃论"等论调不断变形演化，又始终引发关注的重要原因。面对西方社会关于中国式现代化的误判与曲解，我们不应回避，而是要发扬斗争精神，在学理上予以澄明，从论辩中掌握主动，从回应关切中提炼新概念、形成新表述。此外，也要学会主动设置议题，掌握舆论斗争的主动权。

（二）讲故事：运用述论相融的叙事方法

在国际交往中讲好国家故事，是基于特殊性基础上的共性化表达。讲好故事的重点在于按照受众的精神需求变换叙事手法，难点则在于激发受众的情感共鸣和思想认同。2017年，浙江日报报业集团赴美培训考察团在走访华盛顿邮报、纽约时报华盛顿中心、今日美国、美国国家公共广播电台NPR华盛顿总部等全球知名新闻机构后，有一个直观的感受："如果不是亲临美国，很难预料到，在美国媒体人口中，用来讲'新闻'的单词并不是想象中的'news'，而是'story'（故事）。""在媒体形态、舆论生态、传播方式等都在发生巨变的当下，美国媒体依然坚信：内容是所有媒体的命脉和核心。"[1] 讲故事是一个国家在高度重视文化建设的基础上，利用话语和行动来塑造内外形象的意识、规划和行动。在国际传播中，西方发达国家尤其擅长讲故事。"如果说西方在国际上的主导地位是仗着坚船利炮的'武攻'抢来的，那么维持和经营这种主导地位就是靠着'讲故事'的'文卫'来进行的。"[2] 以美国为代表的西方国家之所以能讲好西方发展的故事，有其内在逻辑，其中很重要的一个原因在于放弃了开门见山或夹叙夹议的叙事方式，将精力放到讲好故事上，而不是简单地放在摆道理上，巧

---

[1] 王婷：《"讲故事"这事儿，看看当下的美国媒体怎么做——随浙报集团培训考察团考察美国报业融媒探索有感》，《中国记者》2017年第12期。
[2] 崔洪建：《外国政府是如何讲故事的》，《人民论坛》2021年第11期。

妙地将观点隐藏在叙事中。这使得西方故事一方面具有很强的娱乐性，对人有着难以抵挡的吸引力，让人放松警惕；另一方面则容易绕过其他国家的审查，在国际上广为传播。

西方国家依托话语优势维护世界霸权的做法固然不可取，但其高超的叙事手段却值得我们借鉴。近年来，党中央反复强调要把讲好中国故事作为提升国际传播效能的重要手段之一，明确作出"要加快构建中国话语和中国叙事体系，用中国理论阐释中国实践，用中国实践升华中国理论，打造融通中外的新概念、新范畴、新表述，更加充分、更加鲜明地展现中国故事及其背后的思想力量和精神力量"的重要指示。[1] 这是我们向世界讲好中国式现代化故事的根本遵循。从国家叙述的角度而言，中国是世界上传统文化最丰厚的国家之一，是现代化探索最曲折的国家之一，是在全球化治理中最积极务实的国家之一，中国在这三个维度即传统中国故事、现代中国故事和全球故事中有着丰富的故事资源。[2] 这是我们讲好中国式现代化故事的重要基础。讲好中国故事不仅要有丰富的材料，还必须运用巧妙的策略。首先，在讲述中国式现代化故事中可以采取述论相融的叙事手法，前提是确保故事的真实性。中国式现代化在实践上取得的巨大成功，使我们有充足的信心，只要把它原原本本地展现在世人面前，就能够征服人心。在修辞学中，客观描述也是一种重要的叙事手法。"真实虽然说是对事实的客观反映，但真实同样是一种修辞理念，它以一种'无声胜有声'的方式接通人们的认知心理，通过'事实的力量'传递了强大的认同基

---

[1] 《习近平在中共中央政治局第三十次集体学习时强调　加强和改进国际传播工作　展示真实立体全面的中国》，《人民日报》2021年6月2日。
[2] 刘瑞生、王井：《"讲好中国故事"的国家叙事范式和语境》，《甘肃社会科学》2019年第2期。

础和劝服力道。"[①] 部分媒体在向国际社会介绍中国式现代化某一领域的实践与成就时，往往由于过度包装而导致形象失真，甚至引发国外受众的猜疑和反感。特别是对于现代化建设中某一领域、某一阶段存在的问题，我们要足够自信，任何现代化进程都会遭受挫折，而现代化实践的成功也在于最终克服了这些困难。敢于揭露自身发展中存在的问题，讲清楚克服困难的过程与方法，更能反映出中国式现代化的韧性与魅力。讲好中国式现代化的故事，就是要"我们讲清中国的历史传统、基本国情、制度优势、人民意愿和发展进步，同时也不讳言我们发展中面临的诸多困难和问题；就是主动帮助西方世界把他们关于中国形象'碎片化'有机地拼接起来，尽可能地还原给外部世界一个真实的、清晰的、相对完整的中国图式"[②]。在讲述中国式现代化的故事中，善用"自我批评"，不仅不会有损中国形象，反而有利于增加国际传播的真实性，容易为国际受众所接受。其次，要注重提升故事的趣味性。当前人们的工作负担，特别是中青年一代的工作压力显著增加。相当一部分人不再为了某种用途在网络上搜索信息，而仅是为了让自己放松，收获快乐，快乐本身就是获取信息的目的。这也要求中国式现代化以更具趣味性的形态在国际社会传播。比如外国网红在社交媒体上直播中国城市建设、在视听平台上分享反映中国改革开放史的短视频及制作精良的中国纪录片等，都曾引起国际社会对中国式现代化的广泛关注。最后，要注意增强故事的深度。在中国式现代化的国际传播中，要注意避免过多的宏大叙事，善于从小视角、小人物及小时空看待问题、观察变化。如快递业是中国式现代化进程中衍生出来的新行业，并造就了"快递小哥"这样一个新型就业群体。国际社会不

---

① 刘涛：《新概念新范畴新表述：对外话语体系创新的修辞学观念与路径》，《新闻与传播研究》2017年第2期。
② 徐占忱：《讲好中国故事的现实困难与破解之策》，《社会主义研究》2014年第3期。

乏对中国快递业的关注，其中亲身在中国感受过外卖送餐的外国人，普遍会惊叹于科技的普及程度、商家的周到服务和快递小哥的辛勤付出，但在讨论中也不乏质疑和批评。在类似这样的舆论声浪中，中国媒体要善于用深度报道等方式，呈现中国社会的真实面目，以小视角展现中国式现代化创造的历史性成就，"紧扣国际关切讲好新时代中国故事，展现可信、可爱、可敬的中国形象"[①]。总之，看似简单的叙事，一样可以有深度。在国际舆论场中，直接给出观点不一定会让人接受，包裹在精彩故事中的道理，反而会给人留下深刻印象。我们要主动迎合社交化、娱乐化、智能化的信息接受习惯，强化中国话语的技术包装，使人们在精神享受中感受中国文化的独特魅力。

（三）讲道理：提供破解全球发展难题的中国方案

任何一种现代化发展模式，背后都有一定的理论支撑，而这些理论所要解决的问题集中反映在该现代化发展阶段中面临的难题与挑战。正如马克思、恩格斯所指出的："一切划时代的体系的真正的内容都是由于产生这些体系的那个时期的需要而形成起来的。所有这些体系都是以本国过去的整个发展为基础的，是以阶级关系的历史形成及其政治的、道德的、哲学的以及其他的后果为基础的。"[②]如西方现代化模式产生于新航线已经开辟，经济上由封建私有制向资本主义私有制过渡，政治上权力由旧贵族向新兴资产阶级让渡的时代背景下。而在西方世界经济、政治发生革命性变革的同时，也出现了如艾萨克·牛顿、让－雅克·卢梭、亚当·斯密等一大批理论家，由他们创作的一系列覆盖经济、政治、文化、社会、科学等各领域的经典理论著作既是西方现代化的产物，也为发展现代化提供了重要理论支撑。这些理论回答了那个时代面临的生产水平低下、贸易凋敝、权力过于集中等重大课题。

---

① 李书磊：《深化文化体制机制改革》，《人民日报》2024年8月7日。
② 《马克思恩格斯全集》第3卷，人民出版社1960年版，第544页。

随着这些理论在世界范围内的传播，也大大增强了西方现代化模式的影响力。但实践证明，西方现代化是一种地区性的现代化模式，不适用于所有国家，"只有在西欧、北美、原来的英自治领等地区才获得成功"[1]。二战后，试图通过照搬西方模式实现现代化的国家，不仅鲜有成功者，而且多数国家深陷政治衰朽、中等收入陷阱等问题中无法自拔。

中国也曾一度成为西方资产阶级各种理论、主义轮番上阵的试验场，洋务运动、戊戌变法、辛亥革命等都试图通过学习西方国家的现代化发展模式，实现中国的富强，但都未能取得成功。在历经种种挫折之后，中国共产党领导人民进行了伟大的现代化实践，创造了中国式现代化理论。中国式现代化理论是在第二次世界大战后摆脱殖民地位的众多后发国家普遍致力于现代化发展，但又苦苦探寻不到适合于自身发展道路的时代背景下形成，并在实践中收获巨大成功的。中国式现代化取得的成功，破解了后发国家无法在由西方主导的全球秩序中独立自主地实现现代化的全球性难题，为发展中国家树立了榜样。进一步扩大中国式现代化在发展中国家的影响力，有必要把实践上升为理论，提炼事实背后的道理。如在领导层面，中国的现代化历程从正反两方面说明了强大政党对于后发国家进行现代化建设的极端重要性。"中国现代化进程的国家建设和国家治理，都体现出一种政党主导的特征，这是中国社会发展历史逻辑的内生结果。中国最终形成政党主导现代国家建设的理论和历史逻辑，主要在于后发现代化国家政党主导国家建设的合理性。"[2] 此外，中国如何在社会层面既做到激发社会活力，又实现共同富裕；在对外方面，既坚持独立自主，又扩大对外

---

[1] 罗荣渠：《现代化新论——中国的现代化之路》，华东师范大学出版社2013年版，第124页。
[2] 唐皇凤：《政党主导型现代国家建设：基于中国式现代化理论和历史逻辑的阐释》，《四川大学学报（哲学社会科学版）》2017年第2期。

交往，吸收借鉴人类一切优秀文明成果；在生态层面，正确处理好发展与保护生态之间的关系等做法，也为同具有相似国情的发展中国家进行现代化建设提供了重要参照。

除此之外，从更广泛的意义上讲，中国式现代化不仅为后发国家进行现代化建设树立了榜样，为解决全球发展问题作出了贡献，也为发达国家突破自身发展困境提供了中国方案。这也是优化中国式现代化国际叙事的重要着力点。"国家参与全球治理的过程一方面透过其叙事方式实现，另一方面同时不断建构出新的故事资源。诚然，叙事来自于模仿和转换，这要求我们透过更为开放的观念来看待中国故事的生产。而全球治理的范式确立，赋予了此种多元故事生产的动力机制。"[1]比如，在经济领域一些西方国家长期陷入停滞状态，甚至出现严重的经济衰退，其根源在于国家调控的缺位，造成了愈发严重的贫富分化与持续扩张的金融资本主义。中国式现代化的成功经验在于超越和颠覆了西方经济学中市场与政府二元对立的传统认知，推动构建了高水平的社会主义市场经济体制。这对于西方国家摆脱经济阴霾具有重要借鉴意义。[2]在其他领域，中国式现代化理论体系中包含的美美与共的外交理念、包容互鉴的文明观念、以人为本的价值立场，也实现了对零和博弈、文明冲突、资本为王等西方现代化理念的超越。这亦是我们向国际社会传播中国式现代化的重要理论支撑。

三、创新国际传播方式方法

方式方法是决定让世界读懂中国式现代化广度与深度的重要因素。

---

[1] 王昀、陈先红：《迈向全球治理语境的国家叙事："讲好中国故事"的互文叙事模型》，《新闻与传播研究》2019年第7期。
[2] 周文、杨正源：《中国式现代化与西方现代化：基于比较视角的政治经济学考察》，《学习与探索》2023年第11期。

党的十八大以来，以习近平同志为核心的党中央高度重视创新传播方式方法问题。2019年1月，习近平总书记在中共中央政治局第十二次集体学习时指出："在信息生产领域，也要进行供给侧结构性改革，通过理念、内容、形式、方法、手段等创新，使正面宣传质量和水平有一个明显提高。"[1] 在新形势下创新国际传播方式方法，首先要主动适应互联网时代的国际信息传播规律，将提高数字技术的研发应用水平，作为提升中国式现代化国际传播效果的首要驱动力。其次，要高度重视国际传播的精准化问题，从数据分析、内容分众及技术支撑等多维度，有效提高中国式现代化国际传播的精准度。最后，要充分挖掘主场外交、留学深造、国际旅游等"引进来"国际传播形式在增强中国式现代化传播体验感、加深形象深刻度等方面具有的多重优势，以"引进来"和"传出去"相结合的方式，有效提升中国式现代化国际传播的质感和广度。

（一）增强主流媒体议程设置能力

议程设置理论源于新闻传播学，主要指媒体如何通过对某一事件的突出报道，把它变成公众关注的话题，进而影响受众对议程的认知。[2] 在国际关系领域中，有学者认为议程设置的意义在于"国家和行为体'在各种论坛展示自己的观点'，并力图使自己关注的问题在国际组织中提出来，通过议程的扩大或缩小追求自身优势的最大化"[3]。在当下的国际传播格局中，议程设置已经是各国政府与媒体惯用的传播策略。特别是西方国家凭借对全球传播资源的垄断，获得了议程设置上的主动权，并通过抢先或虚拟设置中国议题的方式，抹黑中国国际形

---

[1] 习近平：《加快推动媒体融合发展 构建全媒体传播格局》，《求是》2019年第6期。
[2] Mc Combs M. E., Shaw D. L. The Agenda-setting Function of the Press. Public Opinion Quarterly. 1972.（36）：pp.176-187.
[3] 〔美〕罗伯特·基欧汉、约瑟夫·奈：《权力与相互依赖》，门洪华译，北京大学出版社2003年版，第31—32页。

象。如2017年党的十九大胜利召开后，当中国媒体的报道重心尚在国内时，"法国《世界报》就在头版打出'中国，强国崛起'，并用8个版面报道中国，设置'我们已经进入了中国世纪'的议题，制造恐慌和焦虑，先入为主使中国故事的国际传播处于被动"①。近年来，党和国家高度强调议程设置在国际传播中的重要性。2016年习近平总书记在中共中央政治局就二十国集团领导人峰会和全球治理体系变革进行第三十五次集体学习时指出："我们运用议题和议程设置主动权，打造亮点，突出特色，开出气势，形成声势，引导峰会形成一系列具有开创性、引领性、机制性的成果，实现了为世界经济指明方向、为全球增长提供动力、为国际合作筑牢根基的总体目标。"②然而从整体上看，我国在国际传播的议程设置方面仍存在较大改进空间。

通过提高主流媒体的议程设置能力，来使世界更好地认识与理解中国式现代化，首先，要强化我国主流媒体的议程设置意识，掌握议程设置的主动权。在议程设置理论中，谁能抢先设置引起国际社会关注的议题，就能占据主动地位。这是因为人们通常会对最先接收的新闻产生信任感。当前中国式现代化仍处于快速发展阶段，主流媒体对于我国发展中可能提出的重要理论成果、创造的先进科学技术、生产的先进产品要有所预判，通过率先发表社评等方式主动引导国际舆论。议程设置的主动权也离不开信源的支持，在这方面我国主流媒体应加强同理论界、科技界及商界代表的联系，在重要时刻及时采访核心信源、事实性信源，进而大大提高新闻价值，提升议程设置能力。③其次，

---

① 刘萌：《议程设置理论下中国故事的国际传播研究》，《学校党建与思想教育》2024年第1期。
② 《加强合作推动全球治理体系变革 共同促进人类和平与发展崇高事业》，《人民日报》2016年9月29日。
③ 李希光、郭晓科：《主流媒体的国际传播力及提升路径》，《重庆社会科学》2012年第8期。

要善于提出能够引起国际社会关注，同时有利于展示中国式现代化国际形象的新闻议题。对于中国这样一个物产丰饶、人口庞大、历史悠久的文明国度，国际社会对中国的文化与发展充满兴趣。主流媒体要善于抓住国际受众的需求与心理，围绕中华文明文化讲故事、做文章。如以文物保护、传统节日、民俗文化等带有深刻文化烙印的案例，向国际社会呈现中国如何在现代化进程中实现文化的赓续传承，这些优秀传统文化又是如何为中国的现代化建设提供精神支撑与深厚滋养的。再者，中国人的日常生活也是国际受众普遍关注，但又不甚了解的重点领域。例如国家和社会对于教育的高度重视，中国的饮食文化，老百姓家庭观、婚姻观的历史变迁等，都可以成为向世界展现中国式现代化的切入点。主流媒体要善于在国际舆论场中，围绕中国文化、中国生活设置议题，向世界呈现可爱、可亲的中国式现代化形象。"在议题选择上，中国故事国际传播的重心应该从政治向文化的倾斜，从官方到民间的转变，推动中国故事国际传播能力的跨越式发展。"[1]再次，要制定对自己有利的国际新闻议程，通过主动设置国内外议程，为向国际社会展现中国式现代化搭建平台，创造空间。制度化是国际议程设置的重要步骤，指已经得到高度关注的国际议题能否转变成国际制度的过程。[2]新时代以来，党和国家已经提出多个极富创意性和操作性的国际性倡议，如"一带一路"倡议、全球发展倡议、全球安全倡议、全球文明倡议等。这些倡议的提出，并得到国际社会的认同与响应，本身就是中国式现代化发展的重要证明，同时也能够为中国式现代化国际传播打开空间，开辟路径。我国作为倡议的提出者，不仅要主动

---

[1] 刘萌：《议程设置理论下中国故事的国际传播研究》，《学校党建与思想政治教育》2024年第1期。
[2] 张发林：《化解"一带一路"威胁论：国际议程设置分析》，《南开学报（哲学社会科学版）》2019年第1期。

在倡议参与者的集体活动中，提出有关国家发展的话题、分享本国现代化建设经验，还应通过共同制定相关规则和规范，保障相关活动的有序开展。最后，要善于制造有利于向国际社会展现中国式现代化发展成果的媒体事件。比如在国际元首政要访华时，专门安排他们参观高科技企业等环节。另外，要结合中国发展实际，依托理论界的自主创新，充分掌握社会主义市场经济、社会主义民主等核心概念的定义权，制造有利于中国发展的国际新闻话语。

（二）利用数字技术优化传播效果

技术是优化国际传播效果的首要推动力。在广播作为主要国际传播渠道的时代，掌握大功率广播发射技术的国家可以使本国的主张跨越国界，受万众倾听；在电视时代，精彩纷呈的卡通节目，可以让不同种族、不同肤色的孩子们在电视机面前苦苦等待。早在20世纪70年代，著名传播学者施拉姆就曾强调，计算机的使用将会使我们迎来一个新的传播时代。"信息革命要求我们极为严肃地去设想一下关于人类社会中的'会思想的机器'的将来。"[1] 此后不到半个世纪，网络时代便悄然来临。随着互联网技术和移动设备的普及，一方面信息传播的效率得到前所未有的提升，另一方面，人们获取信息的方式高度集中于网络渠道。以中国为例，截至2023年12月，我国网民达10.92亿人，其中手机上网人数10.91亿人；互联网普及率为77.5%，其中农村地区互联网普及率为66.5%；全年移动互联网用户接入流量3015亿GB。[2] 网络已成为中国人获取各类信息的主渠道，对于世界上的绝大多数国家亦是如此。在数字化时代，掌握国际传播的主动权，扩大包括中国

---

[1] 〔美〕威尔伯·施拉姆、威廉·波特：《传播学概论》，陈亮译，新华出版社1984年版，第310页。

[2] 国家统计局：《中华人民共和国2023年国民经济和社会发展统计公报》，《人民日报》2024年3月1日。

式现代化在内等中国主张的全球影响力，必须把发展数字技术作为提升国际传播能力的基础工程。目前，各世界强国普遍将发展数字技术列入国家战略发展计划，如美国制定了《数字战略（2020—2024）》（Digital Strategy 2020—2024），试图在全球范围构建以自身为主导的数字生态系统。[①] 类似的还有日本的"数字发展新政"、德国的"数字化战略2025"等。我国也在"十四五"发展规划中明确提出"迎接数字时代，激活数据要素潜能，推进网络强国建设，加快建设数字经济、数字社会、数字政府，以数字化转型整体驱动生产方式、生活方式和治理方式变革"的数字中国建设目标。[②] 以此为基础，我国应进一步加快数字技术研发投入，加强攻关虚拟现实技术、物联网、人工智能、大数据、6G等能够给通信方式带来巨大变革的前沿数字技术，使我国在该领域处在世界领先水平。要高度重视自主研发和打造操作系统与根服务器，建设我国自己的数据库，打破对西方数字技术的依赖局面，消弭与西方发达国家之间的数字鸿沟。基于数据这一关键要素，将数字技术与实体经济紧密结合，加强数字基础设施建设，完善国家数字经济治理体系，推进数字产业化和产业数字化，[③] 为中国式现代化国际传播奠定技术基础。

在建设数字强国的基础上，还要以数字技术为依托，全面提升中国式现代化的国际传播效果。比如，利用数字化技术提升中国式现代化传播产品的吸引力。相当一部分中国理念的国际传播主要是以产品的形式实现的。比如图书、电影、食品包装中都可能包含着大量有关

---

① 胡微微、周环珠、曹堂哲：《美国数字战略的演进与发展》，《中国电子科学研究院学报》2022年第1期。
② 《中华人民共和国国民经济和社会发展第十四个五年规划和2035年远景目标纲要》，《人民日报》2021年3月13日。
③ 汪嘉晨、阎静：《数字文化帝国主义视域下的西方数字文化霸权及应对》，《重庆科技学院学报（社会科学版）》2023年第3期。

中国式现代化的信息，而这些产品想要在竞争激烈的国际市场中占据优势地位，离不开必要的技术包装。例如被称为中国科幻电影开元之作的《流浪地球》，在北美收获了588万美元的票房，"影片传递了中国价值观和对于人类共同未来的理解，展示了中国解决问题的方式，同样引起海外观众的兴趣和关注"[①]。类似的国潮动画电影《哪吒之魔童降世》也在国际市场上有不俗表现。而这些中国作品之所以能受到国际社会的接受与赞美，除了故事本身吸引人外，同利用数字技术强化作品表现力也不无关联。为此，中国媒体要进一步提升国际传播产品的科技度和智能感，通过运用数字特效技术、营造虚拟现实场景与三维动画等技术，丰富中国式现代化的传播形态，提升其传播效果。

（三）提高国际传播的精准化

精准传播的理念最早源于广告行业，主要指一种将广告信息准确传递给特定客户的分发方式，后被拓展应用于其他领域，泛化为传播生态中不同要素精准连接实践的指导理念。这一理念强调传播要素的差异化配备，包括受众差异、媒介差异、主体差异、内容差异等。而精准传播拓展至国际传播领域，最先强调的也是差异化。[②] 党的十八大以来，习近平总书记高度重视国际传播精准化问题，继2014年1月习近平总书记在中共中央政治局第十二次集体学习时强调的"要以理服人，以文服人，以德服人，提高对外文化交流水平，完善人文交流机制，创新人文交流方式，综合运用大众传播、群体传播、人际传播等多种方式展示中华文化魅力"[③]，2021年6月，习近平总书记又在中共中央政治局第三十次集体学习时强调"要采用贴近不同区域、不同

[①] 饶曙光：《在光影中展现"共同体"生命力》，《人民日报》2021年11月28日。
[②] 孙宇、宫承波：《国际传播精准化的基本逻辑与多维进路》，《当代传播》2022年第6期。
[③] 《习近平在中共中央政治局第十二次集体学习时强调　建设社会主义文化强国　着力提高国家文化软实力》，《人民日报》2014年1月1日。

国家、不同群体受众的精准传播方式，推进中国故事和中国声音的全球化表达、区域化表达、分众化表达，增强国际传播的亲和力和实效性"[1]。对于让世界读懂中国式现代化事业而言，精准化也是提升其传播效能的关键举措。

具体来看，实现国际传播的精准化需要从受众分析、内容分众和技术支撑3个维度共同发力。

实现精准传播的前提是分析可靠。无论是对不同区域，还是对不同国家、不同群体实行精准化传播，前提是对受众的信息需求和心理预期有足够的了解，以此为依据来确定国际传播的目标、计划与内容。在中国式现代化国际传播中做到对受众的调查与分析，具体包括两个层面的工作。一是从整体上对某一类受众进行调查研究，主要包括对受众所在国家地区人文历史、现代化发展程度及面临的问题挑战的分析研判。这类调查研究工作主要通过组织有相关研究背景的学者进行，同时注意同受众所在地区的官员、学者及民众进行充分沟通。对受众进行整体分析，一方面有利于确定对外传播工作的主基调，另一方面也能够为我国主流媒体发表社评、在受众当地主流媒体上发表文章等相对传统的中国式现代化国际传播方式，提供选题等方面的参照。二是对受众进行实证研究。这要求通过发放调查问卷、收集平台数据等方式，在获取相当规模统计数据和资料的基础上，借助于人工智能、大数据等技术，对受众有关中国式现代化的理解情况和差异需要进行深入分析。通过实证研究得到的分析结果，是视听媒体平台等新媒体提升传播产品质量的核心资料。比如在网剧制作中，编剧已经开始采用大数据所反映出的观众心理，作为策划选题、调整剧情的重要参照。"'选题是决定作品成败的第一关。'如今，网络文艺创作者策划选题

---

[1] 《习近平在中共中央政治局第三十次集体学习时强调 加强和改进国际传播工作 展示真实立体全面的中国》，《人民日报》2021年6月2日。

有了新利器：视听平台积累的大数据。相较于以往从有限的个人经验出发找选题，今天借助更'懂'观众的大数据，创作者的选题'嗅觉'更加灵敏。"[1]中国式现代化国际传播也有必要借助于相关数字化技术，提高对受众分析的精准度，从工作起点上提升效能。

实现精准传播的基础是内容分众。正所谓"巧妇难为无米之炊"，实现了对受众的精准把握之后，在传播渠道中添加有针对性的内容，才能落实中国式现代化的精准化传播。在让世界读懂中国式现代化中实现内容分众，并不是说面对不同的受众要讲述完全不同的中国式现代化内容，而是要根据受众特点，对讲述的重点与形式进行调整。这首先要求我们做到充实内容资源，从经济发展、政治民主、文化繁荣、社会和谐、绿色生态等各领域挖掘和提取中国式现代化元素，形成资源数据库。在扩充资源内容的过程中，还要持续注意收集整合国际社会对中国式现代化的积极评价和建设性意见。其次，要丰富表现形式，利用微纪录片、短视频、Vlog、游戏、沉浸视频、互动视频等各式各样的视听形式优化中国式现代化的传播形态，进而为满足受众需求提供多种选择。最后，要根据用户需求，对内容与形式进行有机整合。这一过程要依托于人工智能技术实现，即将中国式现代化国际传播的内容与形式导入到数据库中，再通过模拟器，根据受众喜好导出传播产品，实现中国式现代化在内容上的分众化传播。

实现精准传播的关键是技术支撑。中国式现代化的精准化传播，在受众分析、内容整合、建立渠道等各个环节，都离不开人工智能、大数据、5G等先进科学技术的支撑。具体而言，在受众分析方面，要重点发展智能画像技术，根据平台数据，对国际受众开展全方位用户画像，分析目标范围内国际受众对中国式现代化的需求偏好，为制定

---

[1] 张明瑟等：《繁荣文艺创作 推动文艺创新（坚持"两创"·关注新时代文艺）》，《人民日报》2024年1月3日。

国际传播领域精准化决策提供科学依据。在产品制作方面，要发展智能呈现技术，注重中国式现代化国际传播内容的场景化、沉浸式、具身性呈现，争取在元宇宙国际传播格局中占得先机。在建立渠道方面，要发展智能生产和分发技术，利用传感器、写作机器人、算法推荐等技术改造国际传播内容生产和分发环节，提升中国式现代化国际传播内容与目标用户的个性化匹配效果。在反馈修正方面，要发展国际舆情智能监测技术，实时搜集、处理和分析各类中国式现代化国际传播内容，对国际热点问题、观点差异、事态走向等进行预测和研判，便于及时、准确地开展国际舆论引导工作。[1] 此外，我们也要警觉智能精准化国际传播可能产生的信息茧房、情感弱化、表达偏差等问题，要注意通过人为干预等方式，对中国式现代化国际传播的精准化进行调整和完善。

（四）"传出去"与"引进来"相结合

"传出去"与"引进来"是国际传播的两种基本路径。在中国式现代化国际传播领域中，前者主要指对中国式现代化的实践、经验与理论进行加工和整合，通过各类媒体散播到世界各地；后者则主要指国际人士在外交、留学、旅游等活动中通过实地感受中国式现代化，产生对中国现代化实践的认知。在媒体基本实现全覆盖，方便快捷程度前所未有的网络时代，具有更加悠久历史的"引进来"国际传播形式日渐式微。但事实上，"引进来"在增强传播体验感、加深形象深刻度等方面仍具有多重优势，特别是在西方媒体对中国式现代化国际传播进行打压封锁的背景下，其在拓宽传播路径方面的价值更加得到凸显。

办好主场外交，提升中国式现代化的国际曝光度。主场外交一直是中国共产党和中国政府向国际社会展现中国发展成就的重要平

---

[1] 孙宇、宫承波：《国际传播精准化的基本逻辑与多维进路》，《当代传播》2022年第6期。

台。特别是新时代以来，中国的主场外交活动举行更加频繁，规模更大，关注度更强，成为新时代中国向世界展现现代化建设成就的一张闪亮"名片"。在中国本土举办重要外交活动，本身就是向各国政要展现中国式现代化成果的重要契机。如北京 APEC 会议、上海亚信峰会、G20 杭州峰会、金砖国家领导人厦门会晤、上合组织青岛峰会的成功举办，普遍给参会成员对中国城市的现代化发展程度留下了深刻印象。如 2021 年欧洲对华合作促进协会主席马克·托森受邀参加中华人民共和国成立 70 周年大会后表示："中国的建设效率令人钦佩。港珠澳大桥的建成就是很好的例证。这座蜿蜒在伶仃洋上的大桥雄伟壮观，挑战了当代世界建桥工程技术难度，把诸多'不可能'变成了可能。移动支付的迅速普及，极大地便利了现代生活，甚至改变了中国民众的生活方式。这背后体现的，是中国综合国力的发展壮大和中国人民生活水平的不断提升。"[1] 这些评价依托于国内外媒体的宣传，在树立中国式现代化正面形象方面发挥了重要作用。进一步发挥主场外交在向国际社会传播中国式现代化方面的作用，一方面要结合主场外交活动，向参与者主动呈现、讲述中国式现代化的建设成果。比如在深圳、北京、上海等具有典型性的中国现代化城市举办外交活动；在日程中安排参观 C919 生产线、新能源汽车制造厂、智能手机研发中心等有代表性的现代化企业；在娱乐活动中挑选兼具科技感和文化味的节目。另一方面要抓住主场外交举办前后，国外媒体将镜头一齐聚焦中国的有利时机，集国内外传播力量，围绕中国式现代化主题，通过对国际政要进行深度访谈、推出专题片及在社交媒体上发起讨论等方式，趁势掀起中国式现代化国际传播浪潮。需要注意的是，议题设置中要注意中国理念与他国诉求的对接，要注重发展模式的互学互鉴，以促进中国

---

[1] 达尼洛·图尔克等：《讲述亲历故事 见证辉煌历程（风从东方来——国际人士谈新中国 70 年发展成就）》，《人民日报》2019 年 12 月 9 日。

主张与世界发展的协调共进。①

发挥教育优势，提升中国式现代化的国际影响力。教育是促进不同国家、民族与地域间文化传播的重要手段。近代以来，留学生曾一度成为中国认识世界、世界了解中国的重要窗口。新中国成立后，党和国家高度重视留学生工作，并将其视为向世界呈现中国良好形象、传播中国文化的重要渠道，在实践中取得了一定成效。早在1950年，清华大学便专门开设了"东欧交换中国语文专修班"，1950年、1951年，先后有33名来自保加利亚、匈牙利、波兰和捷克斯洛伐克的留学生到专修班学习，他们中的很多人成为外交官、翻译家、汉学家，在从事中外文化交流事业方面作出了突出贡献。②进入改革开放和社会主义现代化建设新时期，来华留学生规模日益扩大。据中华人民共和国教育部发布的统计数据，仅2018年便有来自196个国家和地区的492185名各类外国留学人员在中国高等院校学习。这意味着教育活动将在中国式现代化国际传播中发挥更大的作用。进一步在教育交流合作中向世界呈现中国式现代化，首先要优化留学生教育工作，提升教学质量，充分满足来华学习青年的知识需求。要注重通过深入广泛的调查研究工作，切实了解各地区青年来华学习交流在知识上的迫切需求，通过调整教学方案、在教学中突出重点等方式予以解决。要对发展中国家的来华留学生予以高度关注。他们在学成归国后，更容易把在中国学到的知识运用到本国的现代化建设中，从而为中国式现代化在广大后发国家的传播创造条件。此外，随着中国日益走近世界舞台中央，越来越多来自世界各地的政客、职场精英和学者对中国的发展经验产生浓厚兴趣，并渴望到中国进行系统的了解与学习。在这方面

---

① 凌胜利：《"主场外交"助力中国战略能力提升》，《当代世界》2017年第9期。
② 徐宝锋：《尤山度：岁月不改中国情（海客话中国）》，《人民日报（海外版）》2022年5月25日。

我们要善于因势利导，有条件的党校、高校与企业可以开设相关班次，帮助他们深入了解中国。如2016年我国在北京大学设立南南合作与发展学院，以为发展中国家培养高层次管理和技术人员为目标，面向发展中国家的政府官员、学术机构、新闻媒体、非政府组织等的中层以上管理或专门研究人员招生，提供国家发展硕士、博士学位教育和短期研修培训等不同项目。截止到2021年9月，该学院已招收培养了来自70个发展中国家的约300名学员。[①] 除了知识教育外，文化交流也是留学生对中国式现代化进行深入了解的重要方式。相比于短途旅行，留学生在中国境内的工作生活时间更长，他们相对熟练的汉语水平和丰富的知识背景，也便于他们深入中国社会，从中深化对中国式现代化的认识与理解。为了使留学生在华期间能够深层次理解中国文化，感受中国式现代化的发展与变迁，相关教育部门要有针对性地联系地方政府和知名企业，通过参观、访谈及交流等方式，使留学生在实际生活中感知中国式现代化，进而为他们传播中国式现代化提供真实感受与生动素材。

用好旅游资源，提高中国式现代化的国际吸引力。中国式现代化形象不仅可以被书写，也可以被感知。面向国际友人的国际旅游业，就是把国际友人"引进来"，并向其立体真实全面呈现中国式现代化实践成果的重要方式之一。如北京师范大学地理科学学部澳大利亚籍教授席格伦表示："'只有来过中国，你才知道这里有多么安全，这里的人民有多么友好。'""在他看来，让更多外国民众了解中国，最好的办法之一就是促进跨境旅游。"[②] 为进一步加强国际旅游业在传播中国式现代化方面的效果，一是要着力建设一批独具特色的对外旅游精品目的

---

① 刘少雪：《教育与中国文化国际传播》，《上海交通大学学报（哲学社会科学版）》2023年第4期。
② 王鉴欣：《"期待更多国际旅客到中国来看看"》，《人民日报》2024年4月21日。

地。将具有中国式现代化特色的旅游目的地进行有效整合，如打造漫游现代化古都北京城、领略摩登上海、感受精致江南水乡等精品文化旅游线路，充分彰显中国式现代化气派与不同地域特色的完美结合。二是以现代化成果为国际旅客提供高质量服务。一方面，这要从迅捷的交通方式、高效的移动支付等硬实力方面得到体现；另一方面更要从专业的服务、饱满的热情和贴心的帮助等软实力中得以呈现。以一种生活化的方式，让国际游客感受到中国式现代化的成就与魅力。除了主场外交、来中国留学、国际旅游之外，聘请各国人才到中国工作等途径，也是以"引进来"的方式，是拓宽中国式现代化国际传播渠道的重要方法。在此基础上，还有必要对来到中国的国际人士进行有效引导，使他们不仅成为中国式现代化的欣赏者，还要做中国式现代化的传播者，进而以"引进来"和"传出去"相结合的方式，扩大中国式现代化的国际影响力。

　　总之，包括科学、教育、文化、卫生、民间交往等领域在内的人文交流合作是增进人民友谊，立体全面呈现中国式现代化的有利渠道。进一步发挥人文交流合作在中国式现代化国际传播中的重要功能，一方面需要政府发挥主导作用，广泛建立双边多边合作交流机制。如近年来中国共产党与世界政党高层对话会、亚洲文明对话大会、文明古国论坛等活动的举办，为促进世界各国进行深入交流，为学者从国家发展、文明互鉴等角度表达中国主张创造了重要平台。当前由中国发起的或发挥重要作用的国际倡议、组织与合作与日俱增，要有针对性地通过提出方案、成立组织、建立制度等方式，把广泛持续开展多种多样的人文交流活动，转化为深化多边关系的"稳定器"与"润滑剂"，进而为中国式现代化国际传播打开新空间。另一方面要鼓励民间力量发挥更大作用。"国之交在于民相亲，民相亲在于心相通。"[1] 随

---

[1] 习近平：《论坚持推动构建人类命运共同体》，中央文献出版社2018年版，第434页。

着民间交往活动日趋频繁，亲身来到中国，同中国民众进行深入接触，正成为国际人士了解中国的重要渠道。为此，我们要深入贯彻"推动走出去、请进来管理便利化，扩大国际人文交流合作"的改革要求[①]，切实把旅游观光、留学深造、体育竞技、学术会议等各类人文交往形式，建设成为向世界呈现中国式现代化的重要窗口。

四、充实国际传播人才队伍

人才是社会分工专业化的产物。产业革命以来，社会分工的专业化程度愈发提高，人才的作用也日益凸显。今天，高水平人才已经成为行业发展、国际竞争的核心力量。所谓国际传播人才主要指在传统媒体、政府部门、企业公司、社会组织甚至个人自媒体在内的各领域中从事国际传播的工作人员。[②] 党的十八大以来，以习近平同志为核心的党中央高度重视人才工作，其中国际传播人才培养问题得到了习近平总书记的格外重视。2016年，习近平总书记在党的新闻舆论工作座谈会上强调："媒体竞争关键是人才竞争，媒体优势核心是人才优势。要加快培养造就一支政治坚定、业务精湛、作风优良、党和人民放心的新闻舆论工作队伍。"[③] 2021年，习近平总书记又在中共中央政治局第三十次集体学习时作出"要全面提升国际传播效能，建强适应新时代国际传播需要的专门人才队伍""要加强高校学科建设和后备人才培养，提升国际传播理论研究水平"的重要指示。[④] 这为我们在新

---

① 《〈中共中央关于进一步全面深化改革 推进中国式现代化的决定〉辅导读本》，人民出版社2024年版，第49页。
② 胡正荣、王天瑞：《能力与价值：新时代国际传播人才队伍培养的关键》，《中国编辑》2022年第8期。
③ 《习近平在党的新闻舆论工作座谈会上强调 坚持正确方向创新方法手段 提高新闻舆论传播力引导力 刘云山出席》，《人民日报》2016年2月20日。
④ 《习近平在中共中央政治局第三十次集体学习时强调 加强和改进国际传播工作 展示真实立体全面的中国》，《人民日报》2021年6月2日。

时代建设一支高水平国际传播人才队伍提供了根本遵循。在当前形势下进一步优化相关工作，需要我们在完善国际传播人才培养环境的基础上，以培养专业技术人才和民间文化人才为着力点，扩大人才规模，提升队伍质量，为中国式现代化国际传播工作提供宝贵人才资源。

（一）健全专业人才培养体系

专业人才是指在国际传播领域具有高超专业素养和丰富工作经验的工作者。他们不仅是国际传播工作体系日常运转的基石，在遭遇突发事件、经受舆论压力的关键时刻，专业人才也能够凭借深厚的职业素养、巧妙的传播策略引导舆论走向，做到化危为安。在这方面我国外交家提供了诸多经典案例。如2001年杨洁篪作为驻美大使，就南海中美撞机事件答CNN记者提问。当时他巧妙地使用了美国公众所熟知的Townhouse住宅做了生动的比喻："有一个家庭，一所房子，一个前院，有一伙人总是在这家门前的街上开着车徘徊，不到你的前院，但就是日日夜夜、月月年年地在靠近前院的地方开来开去，家里有人出来查看，结果家人的车子被毁，人也失踪了。……我想美国人民能够做出非常公正的判断，到底应怪罪谁。"正是基于对美国媒体文化和受众心理的深入了解，借助了美国人重视住宅隐私权的西方理念，杨洁篪的一番话迅速改变了美国观众的心理天平。采访播出之后，美国媒体自己的调查发现，美国公众对这次事件的态度，发生了前后180度的转变，支持同情中国的声音一下子占了上风。[①] 这说明了专业人才对于提高国际传播效能的极端重要性。

让世界读懂中国式现代化同样离不开一支规模宏大、本领高强的专业人才队伍，这又是以专业化的人才培养体系为基础的。在建构人才培养体系过程中，前提是要明确人才培养目标。伴随国际传播在语

---

① 叶皓：《公共外交与国际传播》，《现代传播》2012年第6期。

言、理论与技术层面的多元化发展,对相关人才的综合素质提出了更高的要求。首先,要具有坚定的政治立场。国际传播人才身处意识形态激烈交锋的舆论一线,稍有不慎就有可能落入其他国家预设的话语陷阱之中。这需要国际传播人才具有较高的政治敏锐度和政治警觉性。特别是对于从事中国式现代化国际传播的政府官员、主流媒体工作者来说,他们在国际媒体上的一言一行,都关乎国家形象。同时社会组织、自媒体工作者一旦发表明显有悖于主流观点的声音,也会引起境外势力的竭力炒作,抹黑中国式现代化国际形象。为此,中国式现代化国际传播人才要始终坚持中国立场,明确工作中的一切言行都是为了表达中国立场,维护和实现中国的国家利益。[①] 其次,要拥有广博的知识储备。中国式现代化建设涵盖经济、政治、文化、社会、生态等各个方面,中国式现代化国际传播工作又涉及传播学、政治学、国际关系学、心理学、历史学、社会学等各个学科。从事中国式现代化国际传播的工作人员,唯有拥有广博的知识储备,方能讲述精彩的中国故事,在与国际社会的交流中自信自然地展现中国风采。最后,要掌握专业的传播能力。一是精通外语。语言沟通能力是对国际传播工作者的基本要求,这既有助于便利同外界交流,也有利于深入了解国际受众的文化与心理。二是掌握国际传播学基本理论。具有一定的国际传播学知识背景,并从事过相关研究工作,能够使国际传播工作者在实际工作中自觉遵循传播学规律,提高传播效能。三是熟练掌握传播技术。提升国际传播工作的质量与效率,离不开人工智能、大数据等先进传播技术的运用。四是资料收集和整合的能力。对于现代化这样一个庞杂的知识体系,需要国际传播工作者熟悉多学科知识和各类数据库,才能够从中发掘有效信息,并进行合理有

[①] 姚兰:《当代中国价值观念国际传播的有效性研究》,天津人民出版社2021年版,第175页。

效的整合。

在明确相关人才的培养目标以后，高等教育水平就成为决定中国式现代化国际传播人才培养体系质量的主要条件。鉴于国际传播专业的交叉学科特点，在大学新闻传媒、国际关系与外国语学院中大规模设立国际传播专业难度较大。在这种情况下，可以考虑将媒介素养连同国情与世情普及一起纳入各专业本科阶段的基础素质教育范畴之中，开展大学媒介素养教育和大学国情世情教育等。[1] 在内容上侧重于介绍国际传播工作的基本情况，并分享一些经典国际传播案例，既可以丰富各专业大学生的国际视野，又能够引导大学生形成从事国际传播研究或工作的兴趣。此外，对于存在严重短板的部分小语种或传媒技术专业，要通过增设专业、扩大招生规模等方式予以解决。如美国高校早在2011年就开设了数据新闻专业，"这个专业的学生必须掌握一定的编程技能。目前，该专业的毕业生不少被输出到美国各大报社从事数据新闻工作，用计算机辅助报道"[2]。这种超前的学科布局意识值得我们学习。在研究生培养阶段，2009年在教育部的统一部署下，我国开启了部校共建国际新闻传播硕士项目的育人实践，目前国内已有8所高校设立了国际新闻传播硕士项目。对于这些同国际传播行业对口的研究生专业，要根据国际传播工作的实际需求，加强对学生多语种语言能力、传播学理论和新媒体技术的培养。[3] 对于其他相关专业或有志于从事国际传播工作的研究生，则可以通过加强跨专业学术交流、举办夏令营活动及实施学校间学生交流计划等方式，帮助其深入了解国际传播专业，初步形成相关专业素养。

---

[1] 胡正荣、王天瑞:《能力与价值：新时代国际传播人才队伍培养的关键》,《中国编辑》2022年第8期。
[2] 王婷:《"讲故事"这事儿，看看当下的美国媒体怎么做——随浙报集团培训考察团考察美国报业融媒探索有感》,《中国记者》2017年第12期。
[3] 常志刚、邓建国:《国际新闻传播人才培养的复旦模式》,《青年记者》2022年第19期。

在职教育也是中国式现代化国际传播人才培养不应被忽略的重要路径。目前从事国际传播工作的人员中，有相当一部分没有语言学、新闻学、国际政治学等专业背景。为提高其专业水平，有条件的单位可以通过组织入职培训的方式，使他们对国际传播的基本理论以及工作中应遵循的一般规律，形成基本的了解。同时建立职业导师培养制度，在有丰富国际传播经验专家的指导下，帮助职场新人尽快进入工作状态，更好融入国际传播大环境。[①] 此外，应鼓励相关企业和机构为在校学生提供实习机会，帮助学生在实践中深化对理论的认识，积累工作经验，打好国际传播工作基础。

（二）包容引导民间国际传播人才

所谓民间国际传播人才，主要指体制外深度参与国际传播的人。其中我国民间国际传播人才主要以自媒体工作者为主。当前，来自民间的网络意见领袖在舆论引导上的作用愈发明显，而且其中一些自媒体账号的影响力已经跨越国界，在YouTube、Facebook等国际社交媒体上引起广泛关注，开创了向国际社会展示中国现代化形象的民间路径。"实践证明往往是那些来自民间的、具体的、渐进式的交流效果较好，而自上而下的、抽象的、突兀式的宣传其效果常常大打折扣。"[②] 对于这样一支规模日渐庞大、作用愈发凸显的国际传播人才队伍，有必要加以适当的支持和引导，使其在对外传播中国式现代化方面发挥更为重要的作用。

首先，充分尊重民间国际传播人才的成长规律。目前活跃在国际社交媒体上的民间传播人才主要包括两类。一是以李子柒为代表的在没有传播学、语言学等同国际传播密切相关教育背景的情况下，出于

---

① 李旭庆、李怀亮：《中国式现代化进程中国际传播人才核心竞争力培养体系构建》，《湘潭大学学报（哲学社会科学版）》2023年第6期。

② 徐占忱：《讲好中国故事的现实困难与破解之策》，《社会主义研究》2014年第3期。

个人爱好、物质利益等目的，涉足网络视频制作与分享。尽管他们在成名后会获得专业传播组织的指导和支持，但他们多在视频风格上仍保持了一贯的生活化、清新化特点，不带有过多的意识形态色彩。二是以办公室小野为代表的接受过影视制作等专业教育的国际网络红人，他们在视听平台上分享的作品，一开始就带有一些专业制作成分，但在内容上也贴近日常生活，具有较强的娱乐性。他们的例子充分说明，在国际社交媒体竞争日趋激烈的形势下，绝大多数中国网络红人在没有专业化团队指导、缺少资金支持的情况下，更多是以新颖的题材、搞笑的风格和真诚的讲述博得国际网民关注的。在他们身上集中体现了中国人的叙事智慧，彰显了创新精神。而这种创新的萌发与发展，需要给予他们包容的成长空间，使他们在网络平台上敢于表达观点、展示才华、分享生活。正如习近平总书记就人才培养工作所指出的："要在全社会积极营造鼓励大胆创新、勇于创新、包容创新的良好氛围，既要重视成功，更要宽容失败。"[①] 对于民间国际传播人才，在舆论上要给予适当的鼓励，而不是过分的苛责。在具体传播内容上，在不存在损害国家形象等违法违规行为的前提下，要给予他们充分的自由度。让他们以鲜活的实例，以普通人的视角向国际社会呈现中国式现代化使中国发生的巨变。

其次，对民间国际传播人才给予适当的物质政策扶持。据中国演出行业协会等联合编制的《中国网络表演（直播与短视频）行业发展报告（2022—2023）》统计，截至2022年末，我国网络表演（直播）行业主播账号累计开通超1.5亿个，以直播为主要收入来源的主播中，95.2%月收入为5000元以下。其中从事国际网络直播的主播，在事业起步阶段，也普遍面临生活压力大，缺少技术、资金支持等难题。为支持民间

[①]《在中国科学院第十七次院士大会、中国工程院第十二次院士大会上的讲话》，《人民日报》2014年6月10日。

国际传播人才成长成才，相关机构可通过组织以中国式现代化为主题的网络视听作品比赛，以此选拔有培养潜质的网络主播，再通过免费开设技能培训课、委托项目等方式，在物质上予以必要的支持。对于在向国际社会讲述中国式现代化故事方面有突出贡献的民间国际传播人才，可通过设立人才称号、进行社会表彰等形式，对其予以充分肯定。

最后，加强对民间国际传播人才的引导和管理。个别中国网络主播在国际社交媒体分享的作品中，也存在部分发表违背官方规定的不良言论，甚至严重抹黑中国式现代化形象的现象。对于这类问题，一方面要加强教育引导，通过加强知识科普以及进行网络培训等形式，使民间国际传播人才充分认识到，他们在国际社交媒体上的言行，直接关系到国家形象；他们在国际社会上的受关注度越高，责任就越大。另一方面要从严管理，加强制度规范，要求民间国际传播人才严格遵守《网络主播行为规范》《关于加强网络直播规范管理工作的指导意见》等法律法规。对于严重抹黑国家形象的网络主播，要根据相关法律给予严厉惩处。

（三）积极引进海外高水平人才

对于让世界读懂中国式现代化这样一项国际性事业，单凭国内培养的有关专业人才，既不能在量上满足巨大的人才缺口，在质上也难以填补存在的高端人才空缺。事实上，在事关国家发展前途的关键领域，依靠引进海外高水平人才，迅速提升相关专业能力，是国际社会，尤其是西方发达国家的通行做法。如美国崛起为超级大国的重要原因之一就是拥有人才上的优势。可以这样说，从美国建国伊始，华盛顿、富兰克林、杰斐逊等开国元勋就认识到了"有用"的移民对美国的成长的重要性。[1] 近年来，德国则依托科研机构，建立了全球科技人才大

---

[1] 姬虹：《美国技术移民与人才引进机制研究》，《美国研究》2013年第3期。

数据监测平台，关注相关领域顶尖科学家的科研产出、合作网络与流动迁移情况，并通过提供研究项目、研究团队、科研经费等一系列支持，吸引全球科技人才加入本国相关科研单位。① 近年来，党和国家也高度重视国际高端人才的引进工作。如在2021年9月召开的中央人才工作会议上，习近平总书记曾明确作出"深入实施新时代人才强国战略，全方位培养、引进、用好人才，加快建设世界重要人才中心和创新高地"的重要指示。② 上述实践与要求说明了引进海外人才对于国家发展的极端重要性。

若按照工作区域划分，参与让世界读懂中国式现代化事业的海外高端人才，可分为在国内从事相关工作的海外高端人才和在其他国家工作的海外高端人才。其中后者中的相当一部分，同中国式现代化国际传播面对的受众拥有相同或相似的语言文化背景，又掌握着丰富的专业知识和工作经验。在他们的专业指导下，中国团队能够在海外快速融入当地社会，并根据当地社会需求、群众心理，有针对性地进行中国式现代化的宣传介绍工作。如2015年5月，中国广播电影电视节目交易中心在海外人才的帮助下，以商业化模式运营了首个全印尼语的本土化综合娱乐频道"Hi—Indo!"（你好，印尼!）。由于内容贴合当地群众需求，首播即取得巨大成功，"在当地同类国际频道中的收视率上升至第二位，超过一批在当地运营了十几年的老牌国际频道"。此外，近些年来中国在影视作品译制方面更加强调同在地翻译家、文学家的深度合作，促进了中国故事在国际范围内的广泛传播。③ 从职业类别划分，这些海外高端人才主要可以分为三类。其一是从事媒体行

---

① 李天宇等：《如何引进、用好和留住人才？——国家科研机构人才制度建设的国际经验与启示》，《美国研究》2022年第9期。

② 习近平：《深入实施新时代人才强国战略 加快建设世界重要人才中心和创新高地》，《求是》2021年第24期。

③ 曹玲娟：《影视出海，要善用"洋腔洋调"》，《人民日报》2016年6月14日。

业的高端人才，包括高级新闻记者、知名网红等。如来自以色列的视频博主拉兹·加洛尔（中文名高佑思）和他的团队通过在中国尝试外卖员、早餐店主等多种职业，深度体验和研究中国社会的运行模式，并将这些经历拍摄成视频，在国际社交媒体上得到了各国青年的关注，达到了"让世界各地的年轻人更好地了解中国，也让中国的年轻人更好地了解世界各国文化"的创业初衷。[1]其二是精通传播技术的高科技人才。如近年来以吴恩达、李飞飞为代表的一大批国际顶尖人工智能人才纷纷回国发展，有效提升了中国在相关领域的科研实力。其三是专注于现代化研究的社会科学理论家。必要的理论支撑和学理阐释是让世界读懂中国式现代化的重要条件，而做到这一点不仅需要国内哲学社会科学界的共同努力，也需要国际理论界的积极参与。通过设立面向国际理论界的中国式现代化研究项目，聘任其到国内知名大学、研究机构任职，可以从跨学科、比较视野等角度深化中国式现代化的理论阐释。例如希腊翻译家索提里斯·查理克亚斯在长期从事翻译中国不同时代文学作品中获得了启发，就此撰写并出版了《中国传统与现代》一书，希望借此帮助"希腊读者了解真正的中国，以及中国何以成为今天的中国"。[2]让世界读懂中国式现代化离不开这些"中国通"对中国式现代化实践的理论阐释工作。

吸引海外高水平人才参与中国式现代化国际传播事业，首要的是要营造尊重人才、求贤若渴的良好环境。正如习近平总书记所强调的："环境好，则人才聚、事业兴；环境不好，则人才散、事业衰。"[3]吸引

---

[1] 宋亦然等：《观察中国发展进步的重要窗口（外国青年走读中国）》，《人民日报》2023年3月15日。
[2] 韩硕、〔希腊〕查理克亚斯：《"帮助希腊读者了解真正的中国"（海客谈神州）》，《人民日报》2020年8月16日。
[3] 习近平：《在欧美同学会成立100周年庆祝大会上的讲话》，《人民日报》2013年10月22日。

招揽相关高端国际人才，既要注意到物质待遇、科研保障方面的硬支持，也要关注氛围营造层面的软呵护。在物质待遇方面，要推进国际传播人才薪酬改革，在保证基本收入待遇的基础上，通过设立项目等形式，对在传播技术研发、理论理念创新和对外讲述中国故事方面有突出成绩的国际人才，予以特别奖励，以激励海外传播人才干事创业的热情，以有竞争力的薪酬待遇吸引天下英才。相当一部分国际高端人才参与中国式现代化国际传播工作，看重的是中国式现代化良好的发展前景和广阔的中国市场，希望以此为契机成就一番事业。对此，中国企业、高校应在政府部门的支持下，尽可能提供世界一流的工作环境和硬件支持，为他们向世界讲述中国式现代化提供坚实的物质保障。除了物质基础，良好的工作氛围也是吸引海外高端人才投身让世界读懂中国式现代化事业的重要条件。相关部门要充分重视海外高端人才个体的多样性及差异性，关心关爱海外高端人才的工作生活，让他们在参与中国式现代化国际传播工作的过程中，同中国事业、中国故事、中国人民建立诚挚的感情，使海外高端人才不仅引得进，还要留得住，为让世界读懂中国式现代化事业汇聚天下英才。

结　语

翻看世界强国发展史，人们很容易发现，以美国、英国为代表的现代化国家在实现强国道路上，普遍重点做了几方面工作，如大力发展经济、完善制度建设、繁荣文化事业、强化军事力量，等等。但有一项工作却常常为人们所忽视，那便是在世界范围内树立起强大的国际形象。为此，他们不惜花费大量金钱、时间和精力，将报纸、电台、通讯社等信息设备延伸至世界各地，确保在哪里都能够听到他们的声音，甚至一些偏远的乡村地区也不例外。

进入新世纪以来，发展中国家也逐渐认识到国际形象建设的极端重要性，并为此采取了一系列举措。全球范围内关于国家国际形象的竞争正变得前所未有的激烈。之所以会出现这一局面，根本原因是网络时代的到来，重塑了国际传播格局，大大提升了国家国际形象的意义和价值。由于互联网、智能手机等通信设施在全球各地的普及，网络已经成为人们获取信息的主渠道。内宣与外宣一体化是网络时代的显著特点。如果说在传统媒体时代，缺乏国际形象建设能力主要会对国家的对外交流、对外发展造成影响，网络时代则会放大这一短板，不仅延误国家发展，甚至会危及社会的稳定与安全。此外，新兴市场国家和发展中国家群体性崛起是导致国际形象竞争日益激烈的内在动因。一方面，在历经长期艰难曲折的探索后，发展中国家逐渐找到了适合于本国国情的发展新路，国家各方面实力大幅增强，同发达国家的差距正在缩小。这赋予了发展中国家向世界展示本国发展形象的充足底气和丰富资源。另一

结　语

方面，发展中国家通信技术的发展及网络时代国际通信平台的共享性特点，为发展中国家向世界呈现本国形象提供了平台，创造了契机。

中国作为发展中大国，在全面建成社会主义现代化强国的新征程上，也高度重视国际形象建设问题。早在2014年1月中共中央政治局举行第十二次集体学习时，习近平总书记便明确提出了"要注重塑造我国的国家形象"的重大要求。此后，习近平总书记多次围绕这一问题作出重要指示。在党和国家的高度重视和有力领导下，新时代以来我国国际传播能力显著增强，真实、立体、全面的中国形象在国际社会得到广泛传播。同时如何更好构建同我国综合国力和国际地位相匹配的国际话语权，仍是党中央念兹在兹的重大命题。2023年底，"读懂中国"国际会议在广州市隆重举办。习近平总书记专门向会议致贺信，信中写道："读懂中国，关键要读懂中国式现代化。"这为我们开展国际传播工作，提升中国国际形象提供了根本遵循。当下中国，实现中国式现代化是全党和全体人民的共同目标；当今世界，中国式现代化是最能够彰显中国形象的文明标志。同时，我们距离让越来越多国际人士认可与接受中国式现代化的目标，仍有较长的一段路要走。在2024年7月召开的党的二十届三中全会上，如何进一步推进国际传播工作是党中央关注的重要课题之一。在全体会议公报、全会《决定》和习近平总书记关于全会《决定》的说明中，均对国际传播工作提出了明确要求。其中全会《决定》对全面深化国际传播领域改革提出了如下要求："构建更有效力的国际传播体系。推进国际传播格局重构，深化主流媒体国际传播机制改革创新，加快构建多渠道、立体式对外传播格局。加快构建中国话语和中国叙事体系，全面提升国际传播效能。建设全球文明倡议践行机制。推动走出去、请进来管理便利化，扩大国际人文交流合作。"[①] 体系化建设已

---

① 《中共中央关于进一步全面深化改革　推进中国式现代化的决定》，《人民日报》2024年7月22日。

正式成为我国国际传播建设的核心目标。

事实上，强调改革发展的系统性，加强各项工作的体系化建设一直是新时代党治国理政的突出特点。早在2012年底，十八届中共中央政治局就坚定不移推进改革开放进行第二次集体学习时，习近平总书记便提出了"要加强宏观思考和顶层设计，更加注重改革的系统性、整体性、协同性"的改革要求。① 在2013年底召开的党的十八届三中全会上，习近平总书记再次强调："全面深化改革需要加强顶层设计和整体谋划，加强各项改革的关联性、系统性、可行性研究"，并专门指出"如果各领域改革不配套，各方面改革措施相互牵扯，全面深化改革就很难推进下去，即使勉强推进，效果也会大打折扣"的问题。② 此后，体系化建设一直是党中央对重点改革领域的明确要求。这其中自然也包括国际传播领域。如习近平总书记曾先后就发展国际传播工作，提出"要完善国际传播工作格局""必须加强顶层设计和研究布局，构建具有鲜明中国特色的战略传播体系"等重大要求。经过十余年的持续发展，我国国际传播体系化建设已经取得显著进展。在国际传播构成要素方面，传播主体队伍持续壮大，媒体深入到世界各地，话语更加贴合国际受众习惯，环境得到大幅改善；在体制机制建设方面，国际传播各主体、环节间的联系与衔接持续优化，制度建设成为提升国家传播质量的重要着力点；在社会参与方面，高校、旅游、经贸等各部门在党的有力领导下，正逐渐成为世界了解中国真实、生动形象的重要渠道。这些变化是国际传播体系化发展的标志性成果。与此同时，从总体上看，我国国际传播工作的体系化建设尚处在起步阶段，距国际传播强国仍存在不小的差距。如何进一步加强国际传播体系化建设，

---

① 《以更大的政治勇气和智慧深化改革 朝着十八大指引的改革开放方向前进》，《人民日报》2013年1月2日。
② 《习近平著作选读》第1卷，人民出版社2023年版，第176页。

有力应对国际舆论场上的威胁与挑战，提高传播效能，是当前我国国际传播工作的建设重点。

具体到中国式现代化国际传播的体系化建设方面，要着力做好以下几方面工作。其一，健全国际传播工作系统的构成要素，夯实中国式现代化国际传播体系的基础。在主体方面，以机制改革创新为主要着力点，使主流媒体在中国式现代化国际传播中发挥导向作用，同时注重挖掘与释放宣传、外交、经贸、旅游、体育等各领域在传播中国式现代化方面的功能与潜力，推进国际传播格局重构；在内容方面，加强对中国式现代化实践的学理化阐释，从中打造融通中外的新概念、新范畴、新表述，加快构建中国话语和中国叙事体系；在路径方面，一方面以建设全球文明倡议践行机制为契机，通过推动文明交流双边多边合作机制建设，深入实施中华文明全球传播工程，广泛参与世界文明对话等形式，从文明高度为中国式现代化国际传播打开新空间；另一方面要通过媒体、企业、高校出海，优化签证政策等方式，使国际社会在人文交流合作中，真切感受中国式现代化的成绩与魅力，提升国际传播的立体感。

其二，完善国际传播工作系统的运作机制，优化中国式现代化国际传播体系的效能。运作机制反映了对国际传播规律的认识水平。建设国际传播工作机制，不仅要遵循国际传播的一般规律，还要同国家的政治制度、文化传统与发展水平相契合。在具体实践中，首先，要充分发挥组织优势。新时代以来，我国国际传播效能的有效提升，已经证明了党的有力领导对于国际传播建设的极端重要性。在党的统一领导和正确擘画下，中国式现代化国际传播在投入、资源与布局方面均实现显著提升。在党的领导下，形成全部门协调、多领域联动、各主体协同的中国式现代化国际传播格局，将成为我国国际传播工作的独特优势。其次，要善用科技力量。实践表明，科学技术在国际舆论场上的引领性作用正变得愈发突出。在当下的国际传播格局场域中，民族国家关于自身发展经验的传播，可以凭借技术上的领先优势完成突围，也可能由于技术上的劣势而遭遇屏蔽与封锁。实现中国式现代化国际传播机制的协同贯通与高效运转，离不开科技的强力支撑。为此，要加大资金、政策上的支持力度，激励相关科研单位、企业瞄准前沿技术奋勇攻关；要着力化解通信技术上的"卡脖子"问题，实现跟跑并跑到并跑领跑的转变。最后，要把实践融入作为重要路径。在意识形态领域斗争变得日益尖锐复杂的当下，西方社会只会进一步加紧对中国主张的曲解与管控。对此，我们一方面要加强话语创新，另一方面也要开辟传播新路，让国际社会在实践中感知中国式现代化。比如，奥运健儿在赛场上的精彩发挥、电动汽车在世界各地的热卖、外国游客在中国感受数字生活的便利等。我们要通过"走出去、请进来"的方式，使国际社会在实践中感知中国式现代化。建成中国式现代化是一个较长的历史过程，需要一代又一代人的接续奋斗；向世界呈现中国式现代化的良好形象，是一项系统工程，也需要付出艰辛的努力。如今我们已经充分认识到让世界读懂中国式现代化的极端重要性，真正做到这一点还需要我们在理论和实践上进行持续的探索与付出。

参考文献

（一）经典文献

1.《马克思恩格斯全集》第1卷，人民出版社2002年版。

2.《马克思恩格斯全集》第3卷，人民出版社1960年版。

3.《马克思恩格斯全集》第19卷，人民出版社2006年版。

4.《马克思恩格斯全集》第25卷，人民出版社2001年版。

5.《马克思恩格斯全集》第30卷，人民出版社1995年版。

6.《马克思恩格斯全集》第47卷，人民出版社2004年版。

7.《马克思恩格斯全集》第49卷，人民出版社2016年版。

8.《马克思恩格斯文集》第2卷，人民出版社2009年版。

9.《马克思恩格斯论新闻》，新华出版社1985年版。

10.《列宁全集》第55卷，人民出版社2017年版。

11.《毛泽东文集》第6卷，人民出版社1999年版。

12.《周恩来年谱（1949—1976）》上卷，中央文献出版社1997年版。

13.《刘少奇选集》(下)，人民出版社1985年版。

14.《邓小平思想年谱（1975—1997）》，中央文献出版社1998年版。

15.《习近平谈治国理政》第1—4卷，外文出版社2018、2017、2020、2022年版。

16.《习近平著作选读》第1—2卷，人民出版社2023年版。

17. 习近平：《决胜全面建成小康社会　夺取新时代中国特色社会主义

伟大胜利——在中国共产党第十九次全国代表大会上的报告》，人民出版社2017年版。

18. 习近平：《高举中国特色社会主义伟大旗帜　为全面建设社会主义现代化国家而团结奋斗——在中国共产党第二十次全国代表大会上的报告》，人民出版社2022年版。

19. 习近平：《在文艺工作座谈会上的讲话》，人民出版社2015年版。

20. 习近平：《在哲学社会科学座谈会上的讲话》，人民出版社2016年版。

21. 习近平：《携手建设更加美好的世界——在中国共产党与世界政党高层对话会上的主旨讲话》，人民出版社2017年版。

22. 习近平：《在北京大学师生座谈会上的讲话》，人民出版社2018年版。

23. 习近平：《在庆祝改革开放40周年大会上的讲话》，人民出版社2018年版。

24. 习近平：《论坚持全面深化改革》，人民出版社2018年版。

25. 习近平：《在中国科学院第十九次院士大会、中国工程院第十四次院士大会上的讲话》，人民出版社2018年版。

26. 习近平：《在纪念马克思诞辰200周年大会上的讲话》，人民出版社2018年版。

27. 习近平：《深化文明交流互鉴　共建亚洲命运共同体——在亚洲文明对话大会开幕式上的主旨演讲》，人民出版社2019年版。

28. 习近平：《论党的宣传思想工作》，中央文献出版社2020年版。

29. 习近平：《优势互补互利共赢扎实推进　努力实现京津冀一体化发展》，《人民日报》2014年2月28日。

30. 习近平：《在中国国际友好大会暨中国人民对外友好协会成立60周年纪念活动上的讲话》，《人民日报》2014年5月12日。

31. 习近平：《促进妇女全面发展 共建共享美好世界——在全球妇女峰会上的讲话》，《人民日报（海外版）》2015年9月28日。

32. 习近平：《让中阿友谊如尼罗河水奔涌向前》，《人民日报》2016年1月20日。

33. 习近平：《深入学习贯彻党的十九大精神 紧扣新时代要求推动改革发展》，《人民日报》2017年12月14日。

34. 习近平：《开放共创繁荣 创新引领未来——在博鳌亚洲论坛2018年年会开幕式上的主旨演讲》，《人民日报》2018年4月11日。

35. 习近平：《加快推动媒体融合发展 构建全媒体传播格局》，《求是》2019年第6期。

36. 习近平：《为建设更加美好的地球家园贡献智慧和力量——在中法全球治理论坛闭幕式上的讲话》，《人民日报》2019年3月27日。

37. 习近平：《加强政党合作 共谋人民幸福》，《人民日报》2021年7月7日。

38. 习近平：《深入实施新时代人才强国战略 加快建设世界重要人才中心和创新高地》，《求是》2021年第24期。

39. 习近平：《坚定必胜信心 增强忧患意识 坚持稳中求进 推动经济持续健康发展》，《光明日报》2012年12月11日。

40. 《习近平总书记系列重要讲话读本》，人民出版社2016年版。

41. 《习近平讲故事》，人民出版社2017年版。

42. 《习近平新时代中国特色社会主义思想三十讲》，学习出版社2018年版。

43. 《习近平中国特色社会主义思想学习纲要》，学习出版社、人民出版社2019年版。

44. 《习近平主持召开中央全面深化改革领导小组第三十次会议强调 总结经验完善思路突出重点 提高改革整体效能扩大改革受益面》，

《人民日报》2016年12月6日。

45.《习近平出席二十国集团领导人第十四次峰会并发表重要讲话》,《人民日报》2019年6月29日。

46.《习近平主持召开中央全面深化改革委员会第十四次会议强调 依靠改革应对变局开拓新局 抓住关键鼓励探索突出实效》,《人民日报》2020年7月1日。

47.《习近平致信祝贺中国新闻社建社70周年强调 创新国际传播话语体系提高国际传播能力 增强报道亲和力和实效性》,《人民日报》2022年9月24日。

48.《习近平致信祝贺欧美同学会成立110周年强调 为党和国家事业发展广聚天下英才广集创造伟力》,《人民日报》2023年10月22日。

49.《习近平关于全面建成小康社会论述摘编》,中央文献出版社2016年版。

50.《习近平关于社会主义文化建设论述摘编》,中央文献出版社2017年版。

51.《习近平新闻思想讲义（2018年版）》,人民出版社、学习出版社2018年版。

52.《习近平在中共中央政治局第十二次集体学习时强调 建设社会主义文化强国 着力提高国家文化软实力》,《人民日报》2014年1月1日。

53.《习近平在同外国专家座谈时强调：中国要永远做一个学习大国》,《人民日报》2014年5月24日。

54.《习近平在全国宣传思想工作会议上强调：举旗帜聚民心育新人兴文化展形象 更好完成新形势下宣传思想工作使命任务》,《人民日报》2018年8月23日。

55.《习近平在中共中央政治局第九次集体学习时强调 加强领导做好规划明确任务夯实基础 推动我国新一代人工智能健康发展》,《人民日报》2018年11月1日。

56.《习近平在深化党和国家机构改革总结会议上强调：巩固党和国家机构改革成果推进国家治理体系和治理能力现代化》，《人民日报》2019年7月6日。

57.《习近平在中共中央政治局第三十次集体学习时强调　加强和改进国际传播工作　展示真实立体全面的中国》，《人民日报》2021年6月2日。

58.《习近平向2023年"读懂中国"国际会议（广州）致贺信》，《人民日报》2023年12月3日。

59.《习近平在中央党校春季学期第二批入学学员开学典礼上强调：认真学习马克思主义经典著作　不断推进中国特色社会主义事业》，《党建》2011年第6期。

60.《建国以来重要文献选编》第1册，中央文献出版社1992年版。

61.《十二大以来重要文献选编》（上），人民出版社1986年版。

62.《十五大以来重要文献选编》（上），人民出版社2000年版。

63.《十八大以来重要文献选编》（中），中央文献出版社2016年版。

64.《习近平关于社会主义精神文明建设论述摘编》，中央文献出版社2022年版。

65.《习近平关于中国式现代化论述摘编》，中央文献出版社2023年版。

66.《中共中央关于全面深化改革若干重大问题的决定》，人民出版社2013年版。

67.《推动共建丝绸之路经济带和21世纪海上丝绸之路的愿景与行动》，人民出版社2015年版。

68.《坚定文化自信秉持开放包容坚持守正创新　为全面建设社会主义现代化国家　全面推进中华民族伟大复兴提供坚强思想保证强大精神力

量有利文化条件》,《人民日报》2023年10月9日。

（二）外文译著

1.〔美〕威尔伯·施拉姆、威廉·波特：《传播学概论》，陈亮译，新华出版社1984年版。

2.〔美〕塞弗林、坦卡德：《传播学的起源、研究、应用》，陈韵昭译，福建人民出版社1985年版。

3.〔英〕丹尼斯·麦奎尔、斯文·温德尔：《大众传播模式论》，祝建华、武伟译，上海译文出版社1987年版。

4.〔美〕C.恩伯、M.恩伯：《文化的变异》，杜杉杉译，辽宁人民出版社1988年版。

5.〔美〕克莱德·M.伍兹：《文化变迁》，何瑞福译，河北人民出版社1989年版。

6.〔美〕梅尔文·德弗勒、埃弗雷特·丹尼斯：《大众传播通论》，颜建军等译，华夏出版社1989年版。

7.〔美〕沃尔特·李普曼：《舆论学》，林珊译，华夏出版社1989年版。

8.〔日〕竹内郁郎：《大众传播社会学》，张国良译，复旦大学出版社1989年版。

9.〔美〕史景迁：《文化类同与文化利用：世界文化总体对话中的中国形象》，廖世奇、彭小樵译，北京大学出版社1990年版。

10.〔美〕约翰·奈斯比特、帕特里夏·阿伯迪妮：《2000年大趋势》，军事科学院外国军事研究部译，中共中央党校出版社1991年版。

11.〔美〕托夫勒：《权力的转移》，刘红等译，中共中央党校出版社1991年版。

12.〔德〕哈贝马斯：《交往行动理论·第一卷——行动的合理性和社

会合理化》，洪佩郁、蔺菁译，重庆出版社1994年版。

13.〔美〕比尔·克林顿：《希望与历史之间：迎接21世纪对美国的挑战》，金灿荣译，海南人民出版社1996年版。

14.〔英〕罗素：《中国问题》，秦悦译，学林出版社1996年版。

15.〔美〕亨利·基辛格：《大外交》，顾淑馨、林添贵译，海南出版社1998年版。

16.〔美〕尔文·德弗勒、桑德拉·鲍尔-洛基奇：《大众传播学绪论》，杜立平译，新华出版社1999年版。

17.〔法〕阿芒·马特拉：《世界传播与文化霸权》，陈卫星译，中央编译出版社2000年版。

18.〔美〕罗伯特·福特纳：《国际传播：全球都市的历史、冲突及控制》，刘利群译，华夏出版社2000年版。

19.〔加〕马歇尔·麦克卢汉：《理解媒介——论人的延伸》，何道宽译，商务印书馆2000年版。

20.〔瑞〕费迪南·德·索绪尔：《1910—1911索绪尔第三度讲授普通语言学教程》，张绍杰译，湖南教育出版社2001年版。

21.〔美〕罗宾·洛克夫：《语言的战争》，刘丰海译，新华出版社2001年版。

22.〔美〕弗朗西斯·福山：《大分裂：人类本性与社会秩序的重建》，刘榜离等译，中国社会科学出版社2002年版。

23.〔美〕沃尔特·李普曼：《公众舆论》，阎克文、江红译，上海人民出版社2002年版。

24.〔英〕约翰·汤姆林森：《全球化与文化》，郭英剑译，南京大学出版社2002年版。

25.〔美〕塞缪尔·亨廷顿、劳伦斯·哈里森：《文化的重要作用：价值观如何影响人类进步》，程克雄译，新华出版社2002年版。

26. 〔美〕罗伯特·基欧汉、约瑟夫·奈:《权力与相互依赖》,赵宝煦、门洪华译,北京大学出版社2002年版。

27. 〔美〕道格拉斯·凯尔纳:《媒体奇观——当代美国社会文化透视》,史安斌译,清华大学出版社2003年版。

28. 〔斯〕阿莱斯·艾尔雅维茨:《图像时代》,胡菊兰、张云鹏译,吉林人民出版社2003年版。

29. 〔英〕诺曼·费尔克拉夫:《话语与社会变迁》,殷晓蓉译,华夏出版社2003年版。

30. 〔美〕凯斯·桑斯坦:《网络共和国——网络社会中的民主问题》,黄维明译,上海人民出版社2003年版。

31. 〔美〕叶海亚·R.伽摩利珀:《全球传播》,尹宏毅译,清华大学出版社2003年版。

32. 〔美〕雷迅马:《作为意识形态的现代化:社会科学与美国对第三世界政策》,牛可译,中央编译出版社2003年版。

33. 〔美〕约翰·菲斯克等:《关键概念:传播与文化研究词典》,李彬译,新华出版社2004年版。

34. 〔英〕达雅·屠苏:《国际传播延续与变革》,董关鹏译,新华出版社2004年版。

35. 〔英〕布莱恩·麦克奈尔:《政治传播学引论》,殷祺译,新华出版社2005年版。

36. 〔英〕爱德华·卡尔:《20年危机(1919—1939):国际关系研究导论》,秦亚青译,世界知识出版社2005年版。

37. 〔美〕马克·波斯特:《第二媒介时代》,范静晔译,南京大学出版社2005年版。

38. 〔美〕沃纳·赛佛林、小詹姆斯·坦卡德:《传播理论——起源、方法与应用》,郭镇之译,华夏出版社2005年版。

39.〔英〕丹尼斯·麦奎尔：《麦奎尔大众传播理论（第四版）》，崔保国、李琨译，清华大学出版社2006年版。

40.〔英〕丹尼斯·麦奎尔：《受众分析》，刘燕南等译，中国人民大学出版社2006年版。

41.〔美〕理查德·韦斯特：《传播理论导引：分析与应用》，刘海龙译，中国人民大学出版社2007年版。

42.〔美〕迈克尔·波特：《国家竞争优势》，李明轩、邱如美译，中信出版社2007年版。

43.〔美〕塞缪尔·P.亨廷顿：《变化社会中的政治秩序》，王冠华、刘为等译，上海人民出版社2008年版。

44.〔美〕乔舒亚·库珀·雷默：《中国形象：外国学者眼里的中国》，沈晓雷译，社会科学文献出版社2008年版。

45.〔美〕拉里·A.萨默瓦、理查德·E.波特：《跨文化传播》，闵惠泉、王纬、徐培喜等译，中国人民大学出版社2010年版。

46.〔英〕大卫·哈维：《新自由主义简史》，王钦译，上海译文出版社2010年版。

47.〔美〕迈克尔·布隆伯格：《我是布隆伯格》，李浚帆译，中信出版社2010年版。

48.〔美〕塞缪尔·亨廷顿：《文明的冲突与世界秩序的重建》，周琪等译，新华出版社2010年版。

49.〔日〕沟口雄三：《中国的冲击》，王瑞根译，生活·读书·新知三联书店2011年版。

50.〔美〕兰斯·本奈特、罗伯特·恩特曼：《介化政治：政治传播新论》，董关鹏译，清华大学出版社2011年版。

51.〔美〕W.理查德·斯科特、杰拉尔德·F.戴维斯：《组织理论：理性、自然与开放系统的视角》，高俊山译，中国人民大学出版社2011

205

年版。

52.〔美〕罗杰斯:《传播学史:一种传记式的方法》,殷晓蓉译,上海译文出版社2012年版。

53.〔法〕米歇尔·福柯:《知识考古学》,谢强等译,上海三联书店2012年版。

54.〔美〕约瑟夫·奈:《软实力:权力,从硬实力到软实力》,马娟娟译,中信出版社2013年版。

55.〔美〕赫伯特·席勒:《大众传播与美帝国》,刘晓红译,上海译文出版社2013年版。

56.〔美〕斯坦利·巴兰、丹尼斯·戴维斯:《大众传播理论:基础、争鸣与未来(第五版)》,曹书乐译,清华大学出版社2014年版。

57.〔英〕安吉拉·克拉克:《全球传播与跨国公共空间》,金然译,浙江大学出版社2015年版。

58.〔英〕特希·兰塔能:《媒介与全球化》,章宏译,中国传媒大学出版社2016年版。

59.〔美〕爱德华·萨义德:《文化与帝国主义》,李琨译,生活·读书·新知三联书店2016年版。

60.〔美〕迈克尔·杜斯、玛丽·布朗:《追溯柏拉图:传播学起源概论》,王海译,科学出版社2018年版。

61.〔美〕曼纽尔·卡斯特:《传播力》,汤景泰、星辰译,社会科学文献出版社2018年版。

62.〔英〕约翰·莫利纽克斯:《媒体的马克思主义分析》,杨倩译,中国传媒大学出版社2018年版。

63.〔美〕帕维卡·谢尔顿:《社交媒体:原理与应用》,张振维译,复旦大学出版社2018年版。

64.〔澳〕泰瑞·弗卢:《理解全球媒介》,李欣译,浙江大学出版社

2018年版。

65.〔美〕朱迪丝·N.马丁、托马斯·K.那卡雅玛:《跨文化传播（第五版）》,陈一鸣、刘巍巍译,清华大学出版社2019年版。

（三）中文专著

1. 戴元光、邵培仁、龚伟:《传播学原理与应用》,兰州大学出版社1988年版。

2. 甘惜分:《新闻学大辞典》,河南人民出版社1993年版。

3. 刘洪潮、蔡光荣:《外国要人名人看中国》,中共中央党校出版社1993年版。

4. 林毅夫、蔡昉、李周:《中国的奇迹:发展战略与经济改革》,上海三联书店、上海人民出版社1994年版。

5. 张锦华:《传播批判理论》,黎明文化事业公司1994年版。

6. 顾明远:《教育大辞典（增订合编本）》,上海教育出版社1998年版。

7. 李淑梅:《社会转型与人的现代性重塑》,山西教育出版社1998年版。

8. 胡耀亭:《世界广播电视》,重庆出版社1999年版。

9. 郭庆光:《传播学教程》,中国人民大学出版社1999年版。

10. 沈苏儒:《对外传播学概要》,今日中国出版社1999年版。

11. 吴征:《中国的大国地位与国际传播战略》,长征出版社2000年版。

12. 刘继南:《国际传播:现代传播文集》,北京广播学院出版社2000年版。

13. 车文博:《当代西方心理学新词典》,吉林人民出版社2001年版。

14. 燕国材:《素质教育概论》,广东教育出版社2002年版。

15. 林崇德、杨治良、黄希庭：《心理学大辞典》，上海教育出版社2003年版。

16. 郭可：《当代对外传播》，复旦大学出版社2003年版。

17. 刘笑盈、何兰：《国际传播史》，中国传媒大学出版社2011年版。

18. 胡正荣：《传播学总论》，北京广播学院出版社2003年版。

19. 李慧斌、薛晓源：《全球化与公民社会》，广西师范大学出版社2003年版。

20. 李进一：《中国传播史论》，武汉大学出版社2003年版。

21. 郭可：《国际传播学导论》，复旦大学出版社2004年版。

22. 胡兴荣：《新闻哲学》，新华出版社2004年版。

23. 何富麟：《舆论导向论》，新疆人民出版社2004年版。

24. 黄平、崔之元主编：《中国与全球化：华盛顿共识还是北京共识》，社会科学文献出版社2005年版。

25. 程曼丽：《国际传播学教程》，北京大学出版社2006年版。

26. 俞可平等主编：《中国模式与"北京共识"——超越"华盛顿共识"》，社会科学文献出版社2006年版。

27. 方建移、章洁：《大众传播心理学》，浙江大学出版社2007年版。

28. 胡春阳：《话语分析：传播研究的新路径》，上海人民出版社2007年版。

29. 陈力丹、闫伊默：《传播学纲要》，中国人民大学出版社2007年版。

30. 鲁景超：《广播电视有声语言传播受众心理研究》，中国广播电视出版社2007年版。

31. 童之侠：《中国国际新闻传播史》，中国传媒大学出版社2007年版。

32. 邵培仁：《传播学（修订版）》，高等教育出版社2007年版。

33. 胡正荣、段鹏、张磊：《传播学总论（第二版）》，清华大学出版社

2008年版。

34. 田中阳主编、肖燕雄副主编:《传播学基础》,岳麓书社2009年版。

35. 李智:《全球传播学引论》,新华出版社2010年版。

36. 陆学艺:《当代中国社会结构》,社会科学文献出版社2010年版。

37. 田智辉:《新媒体环境下的国际传播》,中国传媒大学出版社2010年版。

38. 习少颖:《1949—1966年中国对外宣传史研究》,华中科技大学出版社2010年版。

39. 安然:《跨文化传播与适应研究》,中国社会科学出版社2011年版。

40. 李岗:《跨文化传播引论:语言·符号·文化》,巴蜀书社2011年版。

41. 程曼丽、王维佳:《对外传播及其效果研究》,北京大学出版社2011年版。

42. 刘利群、张毓强:《国际传播概论》,中国传媒大学出版社2011年版。

43. 季羡林:《季羡林谈文化》,人民日报出版社2011年版。

44. 位苏迎:《伯明翰学派的受众理论研究》,中国传媒大学出版社2011年版。

45. 刘燕南、史利:《国际传播受众研究》,中国传媒大学出版社2011年版。

46. 王庚年:《国际传播发展战略》,中国传媒大学出版社2011年版。

47. 王庚年:《新媒体国际传播研究》,中国国际广播出版社2012年版。

48. 罗荣渠:《现代化新论:中国的现代化之路》,华东师范大学出版社2013年版。

49. 谭昆智、林炜双等：《传播学》，清华大学出版社2012年版。

50. 童清艳：《受众研究》，上海交通大学出版社2013年版。

51. 王星：《大数据分析：方法与应用》，清华大学出版社2013年版。

52. 王玉樑：《从理论价值哲学到实践价值哲学》，人民出版社2013年版。

53. 侯东阳：《国际传播学》，暨南大学出版社2012年版。

54. 李智：《国际传播》，中国人民大学出版社2013年版。

55. 胡正荣、李继东、姬德强：《中国国际传播发展报告（2014）》，社会科学文献出版社2014年版。

56. 张康之：《合作的社会及其治理》，上海人民出版社2014年版。

57. 荆学民：《政治传播活动论》，中国社会科学出版社2014年版。

58. 张昆：《跨文化传播与国家形象建构》，武汉大学出版社2015年版。

59. 灵桂：《外国智库看"一带一路"》，社会科学文献出版社2015年版。

60. 孙玉华主编：《话语与国际关系国际政治语言研究》，时事出版社2015年版。

61. 唐润华等：《中国媒体国际传播能力建设战略》，新华出版社2015年版。

62. 许利平、韦民等：《中国与周边国家的人文交流》，时事出版社2015年版。

63. 杨保军：《新闻主体论》，人民日报出版社2016年版。

64. 陈力丹：《精神交往论：马克思恩格斯的传播观》，中国人民大学出版社2016年版。

65. 陈新汉：《核心价值体系论导论》，上海大学出版社2016年版。

66. 冷凇：《新形势下媒体国际传播与话语权竞争》，中国社会科学出版社2016年版。

67. 程东峰：《责任论：一种新道德理论与实践的探究》，合肥工业大学出版社2016年版。

68. 吴飞：《国际传播的理论、现状和发展趋势研究》，经济科学出版社2016年版。

69. 蔡拓、杨雪冬、吴志成：《全球治理概论》，北京大学出版社2016年版。

70. 曹卫东：《外国人眼中的"一带一路"》，人民出版社2016年版。

71. 胡正荣等主编：《中国国际传播发展报告（2016）》，社会科学文献出版社2016年版。

72. 孙宜学：《中华文化国际传播：途径与方法创新》，同济大学出版社2016年版。

73. 邵培仁等：《亚洲传播理论：国际传播研究中的亚洲主张》，浙江大学出版社2017年版。

74. 单波、刘欣雅主编：《国家形象与跨文化传播》，社会科学文献出版社2017年版。

75. 郭晓明：《中国文化国际传播研究：以中国主题图书国际传播为案例》，人民出版社2017年版。

76. 孙莹：《国际经济合作》，机械工业出版社2018年版。

77. 马建标：《权力与媒介：近代中国的政治与传播》，北京师范大学出版社2018年版。

78. 潘祥辉：《华夏传播新探：一种跨文化比较视角》，复旦大学出版社2018年版。

79. 曾凡斌：《互联网使用与政治参与》，中国人民大学出版社2018年版。

80. 陈力丹：《舆论学——舆论导向研究》，上海交通大学出版社2018年版。

81. 陈曙光、李海青等：《改革开放改变中国——中国改革的成功密码》，人民出版社2018年版。

82. 陈锡喜：《意识形态：当代中国的理论和实践》，中国人民大学出版社2018年版。

83. 刘泽彭、陈奕平：《华侨华人在国家软实力建设中的作用研究》，暨南大学出版社2018年版。

84. 李昌文：《传播语言：演变、特征与趋势》，山东人民出版社2018年版。

85. 徐和建、刘笑盈：《当代世界媒体》（上、下），中国传媒大学出版社2018年版。

86. 李芸：《马克思传播思想研究》，中国社会科学出版社2018年版。

87. 肖珺：《新媒体跨文化传播的中国实践研究》，中国社会科学出版社2018年版。

88. 中国国际问题研究院：《国际形势和中国外交蓝皮书》，世界知识出版社2018年版。

89. 薛宝琴：《网络舆论引导机制研究》，人民日报出版社2018年版。

90. 萧燕雄：《马克思主义新闻观经典论著解读及阐释》，湖南师范大学出版社2018年版。

91. 张涛：《融媒时代新闻传播及其变革探析》，中国商务出版社2019年版。

92. 丁松虎：《新闻·传播·媒介：跨世纪的审思》，上海人民出版社2019年版。

93. 中国外文出版发行事业局、中国翻译研究院、中国翻译协会：《中国关键词："一带一路"篇》，新世界出版社2019年版。

94. 董振平：《中国道路的成功密码》，北京联合出版有限公司2019年版。

95. 韩震：《社会主义核心价值观的话语构建与传播》，中国人民大学出版社2019年版。

96. 李沁：《媒介化生存：沉浸传播的理论与实践》，中国人民大学出版社2019年版。

97. 全国干部培训教材编审指导委员会组织编写：《全面推进中国特色大国外交》，人民出版社2019年版。

98. 人民日报海外版总编室：《阅天下——新历史方位下的中国》，人民出版社2019年版。

99. 孙宜学：《"一带一路"与中华文化国际传播》，同济大学出版社2019年版。

100. 徐波：《跨文化沟通：国家形象的有效传播》，复旦大学出版社2019年版。

101. 刘笑盈：《中外新闻传播史》第4版，中国传媒大学出版社2022年版。

102. 中共中央宣传部：《中国共产党宣传工作简史》下册，人民出版社2022年版。

（四）期刊论文

1. 李琨：《传播的政治经济学研究机器现实意义》，《国际新闻界》1999年第3期。

2. 程曼丽：《信息全球化时代的国际传播》，《国际新闻界》2000年第4期。

3. 崔丕：《美国的遏制战略与巴黎统筹委员会、中国委员会论纲》，《东北师大学报（哲学社会科学版）》2000年第2期。

4. 蔡骐：《论媒介认知能力的建构与发展》，《国际新闻界》2001年第5期。

5. 彭庆红：《"中国崩溃论"的实质及其影响》，《高校理论战线》2002年第12期。

6. 高峻等：《意识形态建设直面网络化》，《瞭望》2004年第25期。

7. 蔡拓：《全球治理的中国视角与实践》，《中国社会科学》2004年第1期。

8. 蒋晓丽、王积龙：《跨文明传播的不对称性》，《思想战线》2005年第5期。

9. 甘险峰、彭利国：《意义输出的成功与中国形象的再造——西方主流媒体北京奥运开幕式报道中的中国国家形象分析》，《新闻记者》2008年第10期。

10. 刘康：《如何打造丰富多彩的中国国家形象》，《新闻大学》2008年第3期。

11. 刘笑盈：《打造国际一流媒体》，《对外传播》2009年第2期。

12. 江涌：《中国要说话，世界在倾听——关于提升中国国际话语权的思考》，《红旗文稿》2010年第5期。

13. 李宇：《探索国际话语权构建的渠道》，《对外传播》2010年第6期。

14. 张毓强、尚京华、唐艾华：《中国国际传播人才培养的历史沿革》，《当代传播》2010年第4期。

15. 唐小松、刘彦社：《奥巴马政府网络外交论析》，《国际问题研究》2010年第6期。

16. 程曼丽：《中国电视对外传播的受众观》，《新闻与写作》2010年第8期。

17. 相德宝：《自媒体时代的中国对外传播策略》，《当代传播》2011

年第6期。

18. 李希光：《我国长期面临外部舆论环境的严峻考验》，《求是》2013年第3期。

19. 胡智锋、刘俊：《主体·诉求·渠道·类型：四重维度论如何提高中国传媒的国际传播力》，《新闻与传播研究》2013年第4期。

20. 陈宝生：《要注意重建话语结构》，《青年记者》2013年第1期。

21. 陈璐、段京肃：《电子殖民：全球化文化帝国的媒介殖民之道》，《甘肃社会科学》2013年第3期。

22. 胡伟：《道与术：国际政治传播的战略思维》，《社会科学》2014年第12期。

23. 陈亦琳、李艳玲：《构建融通中外的新概念、新范畴、新表述——中国政治话语传播研讨会综述》，《红旗文稿》2014年第1期。

24. 陈曙光：《中国道路：西方话语的另类解读》，《江汉论坛》2014年第8期。

25. 韩庆祥：《中国话语体系的八个层次》，《社会科学战线》2015年第3期。

26. 唐爱军：《中国话语方式》，《社会科学战线》2015年第3期。

27. 唐润华：《既要"内外有别"更要"内外一体"——对我国对外传播原则的重新审视》，《新闻与写作》2015年第3期。

28. 谭培文：《加强基于中国实践的中国话语权建设》，《思想理论教育》2015年第3期。

29. 高虎城：《把握世界大势 提高开放水平——学习贯彻习近平总书记系列重要讲话的体会》，《求是》2015年第2期。

30. 徐晓波、黄倩：《论NHK涉华纪录片的题材选择与价值倾向》，《新闻记者》2015年第8期。

31. 沈骑：《"一带一路"倡议下国家外语能力建设的战略转型》，《云南师范大学学报（哲学社会科学版）》2015年第5期。

32. 黄永林、张武桥：《社交网络媒体的传播方式考量》，《重庆社会科学》2016年第1期。

33. 陈曙光：《论中国话语的生成逻辑及演化趋势》，《马克思主义研究》2016年第10期。

34. 陈翔、韦红：《"一带一路"建设视野下的中国地方外交》，《国际观察》2016年第6期。

35. 李建华：《"美丽中国"对外网络传播的破局与重构》，《四川大学学报（哲学社会科学版）》2016年第2期。

36. 李俊卿、张泽一：《互联网背景下我国意识形态表征、安全风险及防范》，《思想理论教育导刊》2016年第10期。

37. 陈曙光、刘影：《论话语权的演化规律》，《求索》2016年第3期。

38. 段立国：《当代中国核心价值观念国际传播的战略意蕴》，《探索》2016年第3期。

39. 邓纯余、徐柏才：《论当代中国价值观念的国际话语权》，《马克思主义与现实》2017年第6期。

40. 高晓虹、赵希婧：《新时期国际传播能力建设的理念拓展与路径创新》，《中国编辑》2017年第4期。

41. 冯玉军：《国际形势新变化与中国的战略选择》，《现代国际关系》2017年第3期。

42. 邓年生、李奥：《对外传播中的叙事创新》，《中国出版》2017年第18期。

43. 王桂芝：《中国道路国际话语权面临的外部挑战与应对》，《北京联合大学学报（人文社会科学版）》2017年第3期。

44. 孙蚌珠：《在理论与实践创新的良性互动中发展当代中国马克思主义——北京大学4名专家学者谈学习"7·26"重要讲话体会》，《前线》

2017年第8期。

45. 吴明洪：《当代中国价值观的国际传播创新》，《新闻战线》2017年第23期。

46. 吴琼：《创新主流意识形态传播的话语表达方式》，《红旗文稿》2017年第10期。

47. 程曼丽：《中国对外传播的历史回顾与展望（2009—2017年）》，《新闻与写作》2017年第8期。

48. 藤依舒：《"一带一路"相关国家青年对中国文化的认知调查与中国文化传播策略研究》，《中国青年研究》2017年第10期。

49. 王雄：《对中国文化"走出去"战略的几点思考》，《杭州师范大学学报（社会科学版）》2018年第5期。

50. 魏颖：《好莱坞电影对美国主流价值观的塑造与传播》，《电影评介》2016年第23期。

51. 胡键：《中国智库的对外传播研究》，《现代传播（中国传媒大学学报）》2018年第5期。

52. 何晓燕：《从点击的量到传播的质：中国电视剧海外网络平台传播研究》，《现代传播（中国传媒大学学报）》2018年第6期。

53. 项久雨：《新发展理念与文化自信》，《中国社会科学》2018年第6期。

54. 石云霞：《中美贸易战的意识形态考量》，《思想教育研究》2018年第7期。

55. 张梦晗：《青年网民的互动与沟通：复杂国际环境下的对外传播路径》，《传播文化》2018年第12期。

56. 孙宜学：《"一带一路"中国价值观传播关键问题研究》，《对外传播》2018年第3期。

57. 沈贤志：《论中国对外话语体系的构建》，《新闻战线》2018年第9

期（上）。

58. 朱鸿军、蒲晓、彭姝洁：《中国对外传播40年回顾》，《对外传播》2018年第12期。

59. 丰子义：《当代文化发展的新特征》，《北京大学学报（哲学社会科学版）》2018年第2期。

60. 国务院发展研究中心"国际经济格局变化和中国战略选择"课题组，李伟、隆国强等：《未来15年国际经济格局变化和中国战略选择》，《管理世界》2018年第12期。

61. 董媛媛、田晨：《社交媒体时代短视频传播与国家形象建构》，《当代传播》2018年第3期。

62. 李建柱：《习近平意识形态治理的科学实践与基本经验》，《东南大学学报（哲学社会科学版）》2018年第4期。

63. 刘俊：《省察与前瞻：中国电影的国际化传播研究（1978—2018）》，《当代电影》2018年第10期。

64. 曾培炎：《关于当前国际国内经济形势特点》，《全球化》2018年第1期。

65. 陈德铭：《经济高质量发展的国际环境和战略机遇》，《南京社会科学（哲学·人文科学·社会科学）》2018年第4期。

66. 陈昊、李金秋：《融媒体时代舆论引导的策略研究》，《中国编辑》2019年第2期。

67. 李宝贵：《习近平关于语言传播的重要论述及其对汉语国际传播的启示研究》，《东北师大学报（哲学社会科学版）》2019年第4期。

68. 程曼丽：《国际传播能力建设的实践研究与意义———兼评〈新媒体跨文化传播的中国实践研究〉》，《新闻与传播评论》2019年第1期。

69. 王辉、夏金玲：《高校"一带一路"非通用语人才培养与市场需求调查研究》，《外语电化教学》2019年第1期。

70. 杜占元：《立足新方位 推进国际传播能力建设》，《党建》2019年第2期。

71. 刘泾、程竹汝：《论"四个意识"的理论逻辑》，《中共中央党校（国家行政学院）学报》2019年第2期。

72. 刘瑞生、王井：《"讲好中国故事"的国家叙事范式和语境》，《甘肃社会科学》2019年第2期。

73. 刘勇：《习近平新时代中国特色社会主义思想国际传播研究》，《教学与研究》2019年第4期。

74. 陆俭明：《试论中华文化的传播》，《学术交流》2019年第4期。

75. 齐卫平：《"新时代"内涵的多维解读》，《中国井冈山干部学院学报》2019年第1期。

76. 张恒军、吴秀峰：《"一带一路"视域下中华文化认同的内涵、原则和策略》，《出版发行研究》2019年第1期。

77. 张月月：《对外传播中如何讲好中国故事》，《新闻爱好者》2019年第4期。

78. 钟国云、陈欢：《新时代中国共产党国际形象的塑造与传播——基于新媒体的SWOT分析法》，《新闻爱好者》2019年第4期。

79. 朱玲玲、蒋正翔：《人类命运共同体的理论阐释与国际传播》，《党政研究》2019年第1期。

80. 陶建杰、尹子伊：《中国文化软实力：国际评价、传播影响与提升策略》，《现代传播（中国传媒大学学报）》2020年第7期。

81. 当代中国与世界研究院课题组：《中国国家形象全球调查分析报告（2019）》，《人民论坛·学术前沿》2020年第20期。

82. 李明德、王含阳、张敏、杨琳：《智媒时代新闻传播人才能力培养的目标、困境与出路》，《西安交通大学学报（社会科学版）》2020年第2期。

83. 张蔚然:《新时期对美舆论引导的要素、变量与机制探析》,《对外传播》2020年第6期。

84. 陈曙光:《论国际舞台上的话语权力逻辑》,《马克思主义与现实》2021年第1期。

85. 唐新华:《技术政治时代的权力与战略》,《国际政治科学》2021年第2期。

86. 傅莹:《加强国际传播,更好地塑造中国形象》,《人民论坛》2021年第31期。

87. 袁航:《中国现代化道路的制度支撑——基于世界意义的论析》,《社会主义研究》2021年第3期。

88. 唐新华:《西方"技术联盟":构建新科技霸权的战略路径》,《现代国际关系》2021年第1期。

89. 余江、李文健:《新作为、新论断与新路径:新时代加强国际传播能力建设的再思考》,《求是学刊》2021年第6期。

90. 郑亮、夏晴:《中国文化软实力:国际评价、传播影响与提升策略》,《现代传播(中国传媒大学学报)》2022年第9期。

91. 陆地、孙延凤:《媒介帝国主义的特征与影响》,《新闻爱好者》2022年第4期。

92. 白贵、邱敬存:《国际战略传播:如何超越"地方性"话语局限》,《现代传播(中国传媒大学学报)》2022年第11期。

93. 赵启威:《英文世界关于中共二十大的若干认知》,《国外理论动态》2022年第6期。

94. 王跃、陈金波:《优势·起势·乘势:传播中国故事的三维审视》,《传媒观察》2022年第11期。

95. 段鹏:《我国国际传播中的信息流量:历史、问题及对策》,《西安交通大学学报(社会科学版)》2022年第4期。

96. 胡钰、朱戈奇：《网络游戏与中华优秀传统文化的当代传播》，《南京社会科学》2022年第7期。

97. 周方银：《新形势下对东南亚精准传播策略研究》，《对外传播》2022年第7期。

98. 胡正荣、王天瑞：《系统协同：中国国际传播能力建设的基础逻辑》，《新闻大学》2022年第5期。

99. 陈云松、柳建坤：《当代中国国际传播：受众特征与提升路径》，《中国浦东干部学院学报》2022年第3期。

100. 崔灿、钟新：《精准国际传播的内涵与实践策略》，《对外传播》2022年第7期。

101. 宋奇、李智：《人类命运共同体视域下社会组织的国际公共传播研究》，《现代传播（中国传媒大学学报）》2022年第12期。

102. 李晔：《非洲：从传播"洼地"到新的国际传播增长点——关于总台对非传播的一些思考》，《国际传播》2022年第3期。

103. 李兵、刘文龙：《拜登政府的6G政策及其制约因素》，《现代国际关系》2023年第2期。

104. 何传启：《中国式现代化的分层结构和三个建议》，《中国科学院院刊》2023年第3期。

105. 王勇：《中国式现代化的历史演进与国际关系变迁》，《当代经济研究》2023年第9期。

106. 张国祚：《中国文化软实力理论创新——兼析约瑟夫·奈的"软实力"思想》，《中国社会科学》2023年第5期。

107. 沈泉鑫：《提升中国式现代化国际话语权：契机、挑战与路径》，《当代世界社会主义问题》2023年第4期。

108. 当代中国与世界研究院课题组：《展示丰富多彩、生动立体的中国形象——基于中国国家形象全球调查（2021）的思考》，《对外传播》

2023年第12期。

109. 王峰：《国际社会对中国式现代化世界意义的认知与评价》，《华东理工大学学报（社会科学版）》2023年第6期。

110. 叶淑兰：《权力·文化·心理——国家自塑与他塑形象鸿沟的生成动力》，《探索与争鸣》2023年第8期。

111. 当代中国与世界研究院课题组：《展示丰富多彩、生动立体的中国形象——基于中国国家形象全球调查（2021）的思考》，《对外传播》2023年第12期。

112. 吴文珑：《中共十一届三中全会的国际传播和国际评价研究（1978—1979年）》，《当代中国史研究》2023年第3期。

113. 李嘉莉：《中国式现代化：何以从本土叙事转向世界话语》，《马克思主义研究》2023年第4期。

114. 王峰：《国际社会对中国式现代化世界意义的认知与评价》，《华东理工大学学报（社会科学版）》2023年第6期。

115. 程曼丽：《中国式现代化背景下的国际传播战略构想》，《电视研究》2023年第3期。

116. 周继红：《视听新媒体国际传播的发展态势、问题与建议》，《中国广播电视学刊》2023年第6期。

117. 齐卫平、袁银传、朱冉琦等：《"深入学习贯彻习近平文化思想"笔谈（一）》，《中南民族大学学报（人文社会科学版）》2023年第11期。

118. 陈国权：《媒体融合发展十年观察与思考》，《中国记者》2023年第8期。

119. 李宁：《国际传播视角下海外媒体融合发展特征与创新策略》，《中国广播电视学刊》2023年第5期。

120. 于运全：《着力加强国际传播能力建设与体系构建》，《红旗文稿》2023年第22期。

121. 杨明品、周述雅：《网络视听海外平台建设的基本情况及对策建议》，《中国广播电视学刊》2023年第4期。

122. 马龙、李轶伦、陈奕博：《中国式现代化国际传播的机遇挑战及推进策略》，《管理学刊》2023年第6期。

123. 李彪：《新时代中国国家形象的"传播折扣"与应对》，《人民论坛·学术前沿》2023年第24期。

124. 马忠、淡雨萌：《中国式现代化国际叙事的跨文化透视》，《陕西师范大学学报（哲学社会科学版）》2023年第6期。

125. 成龙、张乐：《日本学界关于中国式现代化的若干认知》，《国外理论动态》2023年第1期。

126. 魏传光：《中国式现代化的公平正义价值底蕴与人类文明新形态的创造》，《甘肃社会科学》2023年第4期。

127. 吴珩、徐中民：《地方高校国际传播专业建设与人才培养》，《青年记者》2023年第12期。

128. 刘立云、陈杰：《中国式现代化的世界意义：理论创新和实践贡献》，《贵州社会科学》2024年第1期。

129. 田心铭：《关键要读懂中国式现代化》，《思想理论教育导刊》2024年第3期。

130. 中国外文局：《讲好中国式现代化的故事》，《求是》2024年第7期。

131. 张鑫、王若瑾：《中国生态文明国际传播话语体系建构路径及成效》，《中国出版》2024年第4期。

132. 卫白鸽：《文化认同理论视域下中国对非洲跨文化传播的实践探索》，《西亚非洲》2024年第2期。

133. 官云牧：《网络空间与霸权护持——美国网络安全战略的迭代演进与驱动机制》，《国际展望》2024年第1期。

134. 刘先春、张艳霞：《中国式现代化蕴含的"文明互鉴观"》，《世界社会主义研究》2024年第2期。

135. 王岩、熊峰：《论中国式现代化蕴含的独特价值观》，《思想战线》2024年第3期。

136. 卢雪：《中国式现代化国际传播的四重路径》，《经济问题》2024年第4期。

137. 王昉：《从Vskit看中国社交媒体出海的"巧实力"构建》，《新闻界》2024年第2期。

（五）重要报刊

1. 陈律：《加强核心价值观的对外传播》，《光明日报》2013年8月24日。

2. 张健等：《傅高义：从70高龄开始研究，花掉了十余年走近中国》，《人民日报》2014年11月27日。

3. 《中办国办印发〈关于改革社会组织管理制度促进社会组织健康有序发展的意见〉》，《人民日报》2016年8月22日。

4. 《让民众对国家更有信心——外国学者眼中的"全面从严治党"》，《人民日报》2016年12月15日。

5. 肖昊宸、查建国：《中国形象为世界增光添彩》，《中国社会科学报》2017年6月7日。

6. 杨振武：《用故事讲述治理之道》，《解放日报》2017年8月16日。

7. 赵中源：《开辟科学社会主义发展新境界——以习近平同志为核心的党中央推进马克思主义中国化的重大贡献》，《人民日报》2017年2月7日。

8. 北京师范大学文化创新与传播研究院课题组：《"一带一路"沿线七国青年对中国文化认知的调查》，《光明日报》2017年8月24日。

9.《上海合作组织成员国元首理事会青岛宣言》,《人民日报》2018年6月11日。

10.《中国向联合国提交的〈国家人权报告〉》,《人民日报》2018年10月19日。

11.《金砖国家领导人第十次会晤约翰内斯堡宣言（南非约翰内斯堡，2018年7月25日至27日）》,《人民日报》2018年7月27日。

12.《加强党中央对外事工作的集中统一领导　努力开创中国特色大国外交新局面》,《人民日报》2018年5月16日。

13.《大国重器背后的青年》,《中国青年报》2018年12月10日。

14. 吴大伟:《世界旅游联盟助力全球旅游业》,《人民日报（海外版）》2018年12月7日。

15. 杜尚泽:《"一笔宝贵的财富"（习近平主席访问欧洲微镜头）》,《人民日报（海外版）》2019年3月26日。

16. 李克强:《在第十三届夏季达沃斯论坛开幕式上的致辞》,《人民日报》2019年7月4日。

17.《全国人民代表大会常务委员会工作报告（摘要）》,《人民日报》2019年3月9日。

18. 王晓波:《中方针对美方打压中国媒体采取对等反制措施》,《人民日报》2020年7月2日。

19. 张修智等:《加强政党交流互鉴　共创更加美好未来——多国人士热议中国共产党与世界政党领导人峰会》,《人民日报》2021年7月11日。

20.《习近平同越共中央总书记阮富仲举行会谈》,《人民日报》2022年11月1日。

21. 刘阳:《国产影视剧加快走出去（文化市场新观察）》,《人民日报》2022年4月13日。

22.《美国的霸权霸道霸凌及其危害》,《人民日报》2023年2月21日。

23.中华人民共和国国务院新闻办公室:《共建"一带一路":构建人类命运共同体的重大实践（2023年10月）》,《人民日报》2023年10月11日。

24.《正确理解和大力推进中国式现代化》,《人民日报》2023年2月8日。

25.《共建"一带一路"十周年:成就与展望》,《光明日报》2023年6月27日。

26.任飞帆:《中国网络文学蓬勃生长（文化市场新观察）》,《人民日报》2023年11月29日。

27.赵世锋:《受欢迎的中国网络文学》,《人民日报》2024年1月29日。

28.俞懿春等:《为消除国际安全赤字作出中国贡献》,《人民日报》2024年4月21日。

29.张博岚等:《感知中国　增进友谊"留学中国"故事》,《人民日报》2024年4月1日。

（六）网络资料

1.陈婧:《老外又来了》,《联合早报》,https://www.zaobao.com/news/china/story20240425-3494614.

2.《"中国式现代化"引侨都江门侨界热议》,《中国新闻网》,https://www.gqb.gov.cn/news/2022/1025/55368.shtml.

3.《中国话语海外认知度调研报告首次发布　汉语词汇获世界更高认知》,新华社,https://www.gov.cn/xinwen/2018-02/18/content_5267577.htm.

4.于泽远:《围绕中国经济的舆论战》,《联合早报》,https://www.zaobao.com/finance/china/story20240122-1463505.

5.《述评：以中国之治作答时代之问——新时代中国为人类发展进步作出探索和贡献》，新华社，https：//www.gov.cn/xinwen/2023-03/24/content_5748193.htm.

（七）学位论文

1. 程雪峰：《媒介垄断与文化渗透：冷战后美国传播霸权研究》，吉林大学博士学位论文，2005年。

2. 郭小春：《媒介尺度论：媒介全球化背景下的地理尺度与中国国际传播战略》，浙江大学博士学位论文，2017年。

3. 张艳艳：《中国式现代化道路话语体系建构研究》，兰州大学博士学位论文，2022年。

（八）外文文献

1. Borgatti, S.P., Everett, M.G. and Freeman, L.C., UCINET for Windows: Software for Social Network Analysis, Harvard, MA: Analytic Technologies, 2002.

2. Althouse, B.M., West, J.D., Bergstrom, C.T. and Bergstrom, T., "Differences in Impact Factor across Fields and Over Time", Journal of the American Society for Information Science and Technology, Vol. 60, No. 1, 2009.

3. M.J., McCroskey, J.C. and Floyd, K., eds., Biological Dimensions of Communication: Perspectives, Methods and Research, NY: Hampton Press, 2009.

4. Adams, P.C. and Janson, A., "Communication Geography: A Bridge between Disciplines", Communication Theory, Vol. 22, No. 3, 2012.